LA FRANCE

AUX

CROISADES.

TYPOGRAPHIE FIRMIN-DIDOT. — MESNIL (EURE).

Conserver la Couverture

LA FRANCE

AUX

CROISADES.

PAR

EUGÈNE ASSE,

LAURÉAT DE L'ACADÉMIE FRANÇAISE.

OUVRAGE ORNÉ DE 100 GRAVURES.

PARIS,

LIBRAIRIE DE FIRMIN-DIDOT ET Cᵢₑ,

IMPRIMEURS DE L'INSTITUT, RUE JACOB, 56.

—

1888.

LA FRANCE

AUX

CROISADES,

PAR

EUGÈNE ASSE,

LAURÉAT DE L'ACADÉMIE FRANÇAISE.

———

OUVRAGE ORNÉ DE 60 GRAVURES.

PARIS,

LIBRAIRIE DE FIRMIN-DIDOT ET Cⁱᵉ,

IMPRIMEURS DE L'INSTITUT, RUE JACOB, 56.

—

1888.

LA
FRANCE AUX CROISADES.

CHAPITRE PREMIER.

Caractère, origine des Croisades. — Le concile de Clermont.
Pierre l'Ermite. — Le pape Urbain II.

1095.

Il ne faudrait pas croire que ce grand mouvement militaire qui s'est appelé dans l'histoire LES CROISADES, ait été produit par un farouche élan de fanatisme religieux, précipitant l'Occident chrétien contre l'Orient mahométan. La vérité, c'est que les croisades furent la défense légitime de la civilisation latine et chrétienne contre l'invasion des sectateurs de l'Islam. Menacés dans leur existence sociale et religieuse par un nouveau flot de soldats du Coran, qui battait déjà les murs de Constantinople, les peuples d'Occident portèrent la guerre sur le territoire même de leurs ennemis.

Au huitième siècle, Charles Martel avait écrasé à Poitiers les Sarrasins d'Espagne, et mis, de ce côté, l'Europe pour jamais à l'abri des invasions musulmanes;

au onzième siècle, la conquête du saint sépulcre et la fondation du royaume de Jérusalem furent comme une digue défensive élevée contre la marée montante des Turcs Seldjoucides, ce dernier ban des fanatiques enfants de Mahomet.

Chateaubriand l'a dit très bien : « Les Sarrasins avaient menacé l'Europe de leur joug trois siècles avant que l'Europe prît les armes contre eux : leur migration, sortant de l'Arabie, conquit la Syrie et l'Égypte, s'avança le long de l'Afrique d'Orient en Occident jusqu'au détroit de Gade, passa ce détroit, inonda l'Espagne, surmonta les Pyrénées, et ne s'arrêta qu'au milieu des Gaules contre l'épée de Karle le Martel. Trop occupées alors, les populations chrétiennes remirent à un autre temps la vengeance ; mais quand ce temps fut venu, elles s'ébranlèrent à leur tour, se portèrent d'Occident en Orient par l'Europe, traversèrent le Bosphore, allèrent attaquer les enfants du Prophète aux lieux mêmes d'où ils étaient partis. Je ne sache pas de plus grand spectacle que ces invasions des peuples de l'Asie et des peuples de l'Europe marchant en sens opposés, les uns sous l'étendard de Mahomet, les autres sous l'étendard du Christ, autour de cette mer qu'avait bordée la civilisation grecque et romaine. »

C'est la seconde partie de ce grand spectacle dont nous allons mettre sous les yeux du lecteur les scènes les plus caractéristiques, les plus grandioses.

Dans les Croisades, c'est à la France qu'appartient le plus grand, le plus beau rôle ; c'est sur son sol que naquit ce grand mouvement. C'est elle qui mit aussi le plus

Fig. 1. — Façade de l'église du Saint-Sépulcre; à Jérusalem, état actuel,
d'après une photographie.

de persévérance, comme le plus de générosité, de désin- téressement dans son action. C'est bien d'elle et d'elle seule qu'à cette époque l'on peut dire, en écrivant son histoire : *Gesta Dei per Francos.*

C'est pourquoi nous intitulons ce livre : LA FRANCE AUX CROISADES.

Les Croisades furent par-dessus tout une idée, une gloire française. Elles ont été provoquées par un pape français, Urbain II, dont récemment on inaugurait la statue à Châtillon. Elles furent décidées par un concile français, celui de Clermont ; prêchées par des religieux et des prêtres français, Pierre l'Ermite, saint Bernard, Foulques de Neuilly ; elles ont eu pour chefs des héros et des princes de naissance et d'origine française, des rois tels que Louis le Jeune, Philippe-Auguste et saint Louis. Elles ont vu fonder à Jérusalem une che- valerie française, une royauté, des institutions et des mœurs, on peut le dire, toutes françaises ; elles ont établi et propagé dans tout l'Orient l'influence fran- çaise.

C'est depuis les Croisades qu'en Orient le nom de Francs sert à désigner tous les Européens de race la- tine.

Un habile archéologue, M. Melchior de Vogüé, a dé- montré que ce n'était pas seulement la société du moyen âge, avec les institutions militaires, ecclésiasti- ques et féodales, que les croisés avaient transportée en Palestine, mais encore l'architecture de la mère patrie. « Les constructeurs venus à leur suite, dit ce savant, ou pris dans leurs rangs, transplantèrent au milieu des édifices byzantins et arabes les églises françaises, avec leurs nefs hautes et allongées, leurs bas côtés, leurs systèmes de voûtes, enfin tous leurs éléments essentiels. Au point de vue des arts, comme au point de vue politique et militaire, le caractère des Croisades fut essentiellement français. »

Cette œuvre, française entre toutes, ne naquit pas, n'éclata pas tout d'un coup. Elle fut comme le résultat progressif mais forcé, nécessaire, d'un sentiment resté toujours vivace en France depuis la grande bataille de Poitiers (732). La crainte et la haine des musulmans n'avait jamais cessé depuis cette époque. Les événements qui se passaient en Espagne et en Italie entretenaient chez le peuple la pensée d'une grande lutte prochaine contre l'Islam. Comme le remarque Michelet, il y avait déjà longtemps qu'on lui parlait de guerre vengeresse. La vie de l'Espagne n'était qu'une croisade : chaque jour on apprenait quelque victoire du Cid (1029-1099), la prise de Tolède ou de Valence. La conquête de la Sardaigne et de la Corse, par les Génois et les Pisans, était comme un encouragement à porter au cœur même de l'Orient musulman les armes chrétiennes.

Mais parmi ce qu'on pourrait appeler les préliminaires des Croisades, il faut surtout compter les pèlerinages. Les Croisades, on a pu le dire non sans justesse, n'ont été que la conséquence et la continuation de ces anciens pèlerinages à Jérusalem, qui depuis les premiers siècles de l'Église n'avaient jamais cessé. Les pèlerins de l'époque antérieure sont les véritables ancêtres des

Godefroi de Bouillon, des Renaud, des Tancrède,
comme l'a savamment montré **M. Martial Delpit.** Les
récits des pèlerins, racontant les souffrances et les op-
probres de leurs frères d'Orient, avaient déjà enflammé
les imaginations, quand retentit à Clermont le grand
cri : *Dieu le veut !* Les esprits étaient préparés lorsque
la voix de Pierre l'Ermite précipita l'Europe sur l'Asie.
De nombreux récits de ces pèlerinages nous ont été
conservés. Les plus célèbres sont ceux de Mélanie l'Ancienne, et de Mélanie la Jeune, de sainte Paule, de

Fig. 2 et 3. — Monnaies chrétiennes-arabes des rois normands de Sicile.

l'impératrice Eudoxie, d'Antonin de Plaisance, d'Ar-
culphe, du pèlerin de Bordeaux au quatrième siècle.

C'est un pèlerinage à Jérusalem qui devint la cause
de la conquête de la Pouille et de la Sicile par les Normands sur les Sarrasins.

En 1016, quarante Normands en habits de pèlerins,
revenant de Jérusalem, abordèrent à Salerne : c'étaient
des hommes de haute taille et qui se faisaient remarquer
par leur grande mine et par leurs armes. Trouvant cette
ville assiégée par les Sarrasins, ils demandèrent à Gui-
mar, qui était alors prince du pays, des chevaux et des
armes, et fondirent tout à coup sur eux ; ils en tuèrent
plusieurs, mirent les autres en fuite, et remportèrent

une victoire complète. Le prince leur fit de grands présents, et les pressa de rester auprès de lui ; mais les pèlerins refusèrent, en disant qu'ils n'avaient agi que par amour de Dieu, et déclarèrent qu'ils ne pouvaient rester. Le prince envoya alors avec eux des ambassadeurs en Normandie, et les chargea des fruits du pays, invitant ainsi les Normands à venir dans la contrée qui les produisait. Dix-sept ans plus tard, les fils de Tancrède de Hauteville, suivis de quelques centaines de compagnons, conquéraient la Pouille, la Calabre et la Sicile contre les Grecs et les Sarrasins, et s'en formaient un royaume (1053), dont le pape Hildebrand leur donnait l'investiture.

Au onzième siècle, ces pèlerinages en Terre sainte étaient devenus encore plus fréquents, parce que l'Église les substitua alors aux anciennes pénitences publiques. Le voyage de Palestine fut l'expiation la plus ordinaire imposée à ceux qui violaient les lois, et le vœu le plus ardent de ceux qui les observaient. Ces pèlerinages, en devenant plus fréquents, en réunissant des pèlerins plus nombreux, prirent aussi graduellement un caractère qui se rapprochait presque de celui des expéditions militaires.

Entre ces derniers pèlerinages et les premières croisades, on trouve bien des traits de ressemblance. Un abbé de Saint-Vannes, de Verdun, conduit 700 pèlerins à Jérusalem ; un peu plus tard, en 1054, l'évêque de Cambrai, 3,000 ; dix ans après, en 1064, plus de 6,000 pèlerins germains font le même voyage. La route la plus ordinaire des pèlerins était devenue la

Fig. 4. — Robert Ier, duc de Normandie, atteint d'une maladie pendant son pèlerinage à Jérusalem (1035), se fait porter en litière par des nègres; d'après une miniature du XVe siècle.

vallée du Danube, depuis que la conversion au christianisme des rois de Hongrie avait créé aux pèlerins des amis dans ces contrées autrefois barbares. Les plus hauts barons, au onzième siècle, accomplissent le pèlerinage de Jérusalem : c'est Foulques Nerra, comte d'Anjou, le duc de Normandie, les comtes de Flandre, de Verdun, de Barcelone.

On comprend combien les récits de ces pèlerins, de retour dans leurs foyers, devaient émouvoir les cœurs au tableau des malheurs des chrétiens d'Orient dont ils venaient d'être témoins. À la voix des pèlerins s'unissait souvent celle de la papauté, déplorant les calamités dont les infidèles devenaient la cause pour la Terre sainte. En 1009, lorsque l'église du Saint-Sépulcre avait été renversée par un kalife fatimite, descendant d'Ali, le pape Sergius IV avait adressé une lettre au clergé et aux princes pour les engager à secourir leurs frères d'Orient. Quelques années auparavant (1002), Silvestre II s'était écrié : « Soldats du Christ, levez-vous ! Il faut combattre pour lui. » On voyait poindre là la première idée des Croisades.

La douleur, la crainte de l'Europe chrétienne redoublèrent lorsque l'on apprit que Jérusalem était tombée au pouvoir des Turcs Seldjoucides, qui l'avaient inondée de sang et couverte de ruines (1076). Prise par les Arabes, sectateurs de Mahomet, en 637, elle avait cependant conservé, surtout depuis Charlemagne dont le grand nom protégeait les chrétiens jusqu'en Orient, une certaine liberté religieuse. Mais, au dixième siècle, le joug s'était appesanti sur elle, lors de sa conquête par les sultans fatimites du Caire. Au onzième siècle, de nouvelles calamités vinrent fondre sur elle avec l'invasion des Turcs Seldjoucides, « cette enclume qui devait peser sur toute la terre », suivant l'expression de Guillaume de Tyr. Sortis des contrées situées au delà de l'Oxus, ces peuples guerriers s'étaient emparés de la Perse sur les sultans de Bagdad, et avaient embrassé l'islamisme sous leur chef Togrul-Bey. Les successeurs de ce prince, Alp-Arslan et Maleck-Chah, conquirent la Syrie sur les sultans du Caire, et s'avancèrent vers le Bosphore par l'Asie Mineure. Pendant qu'une de leurs hordes s'établissait à Nicée, presque en face de Constantinople, celle qui dominait par la terreur son prétendu protégé le kalife de Bagdad, entrait dans Jérusalem et désolait la Palestine sous les ordres de Toutousch et d'Ortock. La garnison égyptienne de la Ville sainte fut massacrée ; les mosquées et les églises furent livrées au pillage. Jérusalem nagea dans le sang des chrétiens et des musulmans chiites, que les Turcs exécraient également, les uns comme adorateurs du Christ et les autres comme sectateurs d'Ali.

L'illustre pape Grégoire VII conçut alors l'idée d'une vaste union de toute l'Europe chrétienne contre l'islamisme, qui menaçait de nouveau la chrétienté. « Les maux des chrétiens, disait-il dans une lettre, l'avaient ému jusqu'à lui faire désirer la mort ; il aimait mieux exposer sa vie pour délivrer les Saints Lieux, que de commander à tout l'univers. » Son dessein était de se mettre lui-même à la tête de cette croisade. La mort l'arrêta dans ce projet (1085). Son successeur, Victor III, éleva aussi la voix pour, susciter des défenseurs aux chrétiens d'Orient ; mais tout se borna à une descente des Génois et des Pisans sur la côte d'Afrique, où ils livrèrent quelques combats aux infidèles, dans l'intérêt de leur commerce maritime bien plus que de la religion.

Cette grande idée devait être réalisée par un pape français, Urbain, et par un religieux français, Pierre l'Ermite.

Pierre l'Ermite, originaire de Picardie, issu peut-être d'une famille noble, après s'être passionné d'abord pour les lettres et les armes, s'était retiré parmi les cénobites les plus austères, et avait entrepris un pèlerinage à Jérusalem. Il en était revenu, plein de l'idée d'une croisade qu'il se mit aussitôt à prêcher en France d'abord, et ensuite dans presque toute l'Europe. Monté sur une mule, un crucifix à la main, les pieds nus, la tête découverte, vêtu d'un long froc de l'étoffe la plus grossière, il allait de ville en ville, enflammant les populations de son ardente éloquence. Elles se pressaient sur ses pas et arrachaient des poils de sa mule pour les garder comme reliques.

De son côté, le pape Urbain II convoquait un concile général pour statuer sur les destinées des chrétiens d'Orient. Ce premier concile, tenu à Plaisance (mars 1095), bien qu'il ait réuni plus de deux cents évêques et archevêques, quatre mille ecclésiastiques et trente mille laïques, n'avait pas cependant eu de résultats décisifs pour la guerre contre l'Islam. Urbain résolut alors d'assembler un second synode au sein d'une nation belliqueuse et, dès ces temps reculés, accoutumée déjà à donner l'impulsion à l'Europe : cette nation était la France.

Le nouveau concile fut convoqué à Clermont, la célèbre cité d'Auvergne, pour l'octave de la Saint-Martin

Fig. 5. — Pierre l'Ermite devant le Saint-Sépulcre ; d'après un manuscrit du XIIIe siècle.

d'hiver (18 novembre 1095). Mais le pape lui-même, afin de mieux préparer les esprits, passa les Alpes dès le mois de juillet. A Valence, où il arriva au commencement d'août ; au Puy-en-Velay, dont l'évêque Adhémar de Monteil, fils du consul de la province de Valence, et qui passait pour l'un des hommes les plus sages et les plus fermes de son temps, se montra bientôt animé d'un zèle ardent pour la croisade ; à Chisac, dont il consacra l'église ; à Nîmes ; puis, franchissant le Rhône, à Tarascon, à Avignon, et enfin dans la Bourgogne qu'il parcourut tout entière, Urbain enflamma les cœurs par sa vive éloquence. Le 14 novembre, il était à Clermont.

Quatorze archevêques, deux cent vingt-cinq évêques, plus de quatre-vingt-dix abbés mitrés l'y attendaient, exacts au rendez-vous, ainsi que plusieurs milliers de chevaliers et une multitude immense de peuple. « Vers le milieu du mois de novembre, dit une ancienne chronique, les villes et villages des environs se trouvèrent remplis de peuple, et furent plusieurs contraints de faire dresser leurs tentes et pavillons au milieu des champs et des prairies, encore que la saison et le pays fussent pleins d'extrême froidure. » Ce fut, a dit Michelet, « le triomphe de l'Église et du peuple ».

L'assemblée fit d'abord des décrets sur la réforme du clergé et le rétablissement de la trêve de Dieu. Tout chrétien, depuis l'âge de douze ans, devait jurer de se soumettre à cette trêve et de s'armer contre ceux qui refuseraient leur serment. C'était se préparer par l'union de toutes les forces chrétiennes à la guerre contre les infidèles.

Le concile tint sa dixième séance dans la grande place de Clermont, que remplissait une foule immense. Accompagné de ses cardinaux, Urbain monta sur une espèce de trône qu'on avait dressé pour lui. Il avait à ses côtés l'ermite Pierre, avec le bâton de pèlerin et le

manteau de laine. Après que celui-ci eut retracé les
souffrances des chrétiens d'Orient, dont il avait été
lui-même témoin, raconté « les ministres de Dieu battus de verges et condamnés à une mort ignominieuse »,

Fig. 6. — Pierre l'Ermite, remettant au pape Urbain II, en 1095, le message
de Siméon, patriarche de Jérusalem ; d'après un manuscr. du XVᵉ siècle.

le souverain pontife prit la parole, pour dénoncer les
dangers dont la chrétienté tout entière était menacée
par les sectateurs de Mahomet. Il peignit Antioche,
Éphèse, Nicée, devenues des cités musulmanes ; les
hordes barbares des Turcs plantant leurs étendards sur

les bords de l'Hellespont. Puis s'adressant particulièrement à la France :

« Hommes de France ! s'écria-t-il, peuples élus et
chéris de Dieu entre tous, unissez vos forces pour résister aux païens qui ont résolu de détruire le nom
chrétien ! que vos cœurs s'émeuvent et que vos âmes
s'excitent au courage par les faits de vos ancêtres, par
la vertu et la grandeur du roi Charlemagne... O très
courageux chevaliers, postérité sortie de pères invinci-
bles, rappelez-vous la vaillance de vos aïeux !... Prenez
donc la route du Saint-Sépulcre, hommes de France,
et partez, assurés de la gloire impérissable qui vous
attend dans le royaume des cieux. »

Ce discours fut interrompu par ces mots sortis de
toutes les poitrines : *Dieu le veut ! Dieu le veut !* (*Diex
le veult*, en langue d'oïl ; *Deus le volt*, en langue d'oc.)

Le grand cri de guerre du onzième et du douzième
siècle était trouvé.

« Que tout homme, reprit Urbain, qui voudra entreprendre ce saint pèlerinage porte le signe de la croix
sur son front et sur sa poitrine. » Alors la multitude se
prosterna contre terre. Un des cardinaux, le futur pape
Innocent III, récita les paroles du *Confiteor*, et tous,
se frappant la poitrine, obtinrent l'absolution de leurs
péchés. Chacun mit la croix rouge à son épaule ; les
étoffes, les vêtements rouges furent mis en pièces et
n'y suffirent pas. Il y en eut même qui s'imprimèrent
la croix avec un fer rouge. De là le nom de *Croisades*
que porta la guerre sainte, et de *croisés* donné à ceux
qui y prirent part.

Fig. 7. — Urbain II préside le concile de Clermont, d'après une gravure du XVIᵉ siècle.

Pendant plusieurs mois encore après la séparation du concile, la croisade continua à être prêchée en France par Urbain, qui ne repassa les Alpes que vers le milieu de l'année suivante ; par l'évêque du Puy, auquel avait été confiée la conduite de l'expédition ; par Guillaume, évêque d'Orange. Le premier des princes de la terre qui se croisa fut Raymond de Saint-Gilles, comte de Toulouse, qui avait déjà conduit une expédition contre les musulmans d'Espagne.

Alors ce fut par toute la France un spectacle prodigieux. « On vit, dit Michelet, les hommes prendre subitement en dégoût tout ce qu'ils avaient aimé : leurs riches châteaux, leurs épouses, leurs enfants, ils avaient hâte de tout laisser là. Il n'était besoin de prédication, ils se prêchaient les uns les autres. Il y avait des gens qui n'avaient d'abord nulle envie de partir, qui se moquaient des autres ; et, le lendemain, les moqueurs eux-mêmes donnaient tout leur avoir pour quelque argent, et partaient avec ceux dont ils s'étaient raillés la veille. La plupart des croisés étaient pénétrés d'une foi sincère, et obéissaient à un de ses élans irrésistibles. Mais chez d'autres aussi l'esprit de chevalerie ou d'ambition était séduit par la perspective d'aventures dans des contrées riches et inconnues. Il y en avait aussi qui cédaient à des mobiles moins généreux, à l'espoir d'un riche butin, à l'envie de se soustraire aux impôts et d'échapper aux créanciers, le concile ayant décrété que les croisés seraient affranchis de toute contribution, et que pendant la durée de l'expédition ils ne pourraient pas être poursuivis pour dettes. Tous enfin trouvaient un, stimulant dans les indulgences que leur accordait le pape. »

L'on se croisa aussi pour racheter quelque grand crime. C'est ce qui arriva au comte Jean de Ponthieu.

Ce seigneur avait marié sa fille au noble Thomas de Saint-Valery, seigneur de Domart. Un jour, les deux époux revenaient de chez leur père ; ils avaient devancé leur suite et traversaient une forêt, lorsqu'ils furent assaillis par huit hommes armés et masqués. Le sire de Domart avait déjà tué trois de ses assaillants et désarmé un quatrième, lorsque son cheval, atteint d'un coup mortel, s'abattit sous lui, et le mit dans l'impuissance de continuer la lutte. Pris, garrotté, il assiste, fou de rage, aux dernières violences que ces misérables font subir à son épouse. Laissée sur la route, demi-morte, nue, brisée, déshonorée, auprès de son mari qui n'a pu la défendre, la dame de Domart parvient cependant à rompre les liens qui la retiennent. Les deux époux rentrent chez Jean de Ponthieu, auquel le sire de Domart raconte cette sinistre aventure. Frappé au cœur, le vieillard dissimule, et médite de laver la souillure qui, dans sa pensée, vient d'être imprimée à sa race.

A quelques jours de là, cachant ses desseins, il invita sa fille à faire, seule avec lui, une promenade au bord de la mer. Arrivés au lieu qu'il a fixé pour y accomplir sa vengeance : « Dame de Domart, dit-il à sa fille, il faut que maintenant la mort efface la honte que votre malheur apporte à toute notre race. » Par ses soins, un tonneau vide se trouvait sur le rivage. Il y jette et y attache sa fille, malgré les cris et le désespoir de la malheureuse, et il la fait lancer au milieu des flots.

La mer fut moins cruelle cependant que les hommes. Ballottée pendant plusieurs jours par les eaux, la dame de Domart fut recueillie, vivant encore, par un navire flamand, qui ramena à terre la pauvre femme, miraculeusement sauvée.

Cependant le comte de Ponthieu avait avoué froidement à son gendre cette impitoyable exécution. Le sire de Domart s'abandonnait à l'excès de sa douleur lorsque le son d'une voix aimée retentit à son oreille : sur le seuil de l'appartement apparaît celle qu'il croyait ne plus revoir en ce monde.

Frappé de terreur à ce retour imprévu, où il voit la main de Dieu, le comte de Ponthieu rentre en lui-même, comprend pour la première fois l'horreur de son action, et ne songe plus qu'à expier son crime. Il se croise et part pour la Palestine, après avoir accordé des immunités de droits féodaux à ses vassaux.

Ce récit qui se rapporte à la deuxième croisade pourrait être suivi de beaucoup d'autres analogues.

CHAPITRE II.

La première Croisade : Prise de Jérusalem.
Godefroi de Bouillon.

1096 — 1107.

Le concile de Clermont avait fixé le départ des croisés à la fête de l'Assomption de l'année suivante. Pendant l'hiver, on ne s'occupa que des préparatifs : tout autre soin fut suspendu dans les villes et dans les campagnes. Telle fut l'influence de l'exemple donné par les Français, qu'il suscita des croisés dans tous les autres pays chrétiens de l'Europe, en Italie, en Allemagne, en Angleterre, jusqu'en Espagne et en Écosse. Il semblait, dit un contemporain, qu'il arrivât des croisés par tous les chemins. Le mouvement religieux était secondé par les troubadours et les trouvères, dont les chants n'étaient pas moins ardents que les sermons des prêtres et des religieux. Au printemps de 1096, 300,000 personnes avaient déjà pris la croix.

Si les rois, Philippe en France, Guillaume le Roux en Angleterre, Henri le Germanique, s'abstenaient, les plus grands seigneurs s'enrôlaient pour la guerre sainte. Au puissant comte de Toulouse étaient venus s'ajouter le comte de Vermandois, frère du roi de France ; Robert Courte-Heuse, duc de Normandie, qui engagea son duché à son frère le roi d'Angleterre pour avoir l'ar-

gent nécessaire à son expédition ; les comtes de Chartres, du Perche, de Forez, d'Orange, de Hainaut, de
Die ; enfin, Godefroi, seigneur de Bouillon, duc des
deux Lorraines, ses deux frères, Eustache, comte de
Boulogne et Baudouin de Boulogne, et son cousin Baudouin du Bourg.

Mais le peuple n'attendit pas pour se mettre en
route que les chefs de la Croisade eussent organisé
leurs forces. Une première armée, composée de Franco-
Lorrains, gens de tout âge et de tout sexe, de pauvres et
de serfs, se met en marche, dès le 8 mars 1096, sous la
conduite d'un pauvre chevalier bourguignon, nommé
Gauthier Sans Avoir. Elle fut bientôt suivie par une
seconde armée, ou plutôt une seconde cohue. A la tête
de celle-ci marchait Pierre l'Ermite, couvert de son
manteau de laine, un froc sur la tête, des sandales aux
pieds, n'ayant pour monture que la mule avec laquelle
il avait parcouru l'Europe.

Toutes deux s'avancèrent par le bassin du Danube.

L'avant-garde de Gauthier ne comptait que huit cavaliers : attaquée par les Bulgares, près de Belgrade,
et décimée par eux, elle traversa l'Hémus, Philippopolis
et Andrinople, et, après deux mois de fatigue et de mi-
sères épouvantables, arriva sous les murs de Constantinople. Elle y attendit la seconde armée.

La troupe de Pierre fut plus éprouvée encore. L'attaque imprudente qu'elle dirigea contre Semlin, suivie
du massacre de 4,000 de ses habitants, pour venger
quelques croisés tués par ceux-ci ; de nouvelles querel-
les avec les populations du pays, dans le trajet de Sem-

lin à Nissa, amenèrent une attaque générale des croisés par les Bulgares sous les murs de cette dernière ville. Pierre perdit plus de 10,000 de ses compagnons. Il en avait cependant encore 30,000 quand, après avoir traversé la Thrace, il arriva devant Constantinople. Les soldats pèlerins, exténués, mourant de faim et de

Fig. 8. — Trouvère s'accompagnant sur la viole; sculpt. du XIIe siècle.

fatigue, portaient des palmes dans leurs mains en signe de paix.

En voyant cette multitude affamée, couverte de vêtements en lambeaux, aux visages farouches, lés Grecs se repentaient déjà d'avoir appelé les Latins. Cependant l'empereur Alexis reçut Pierre l'Ermite avec beaucoup d'honneur. Il l'admit à son audience, entouré de toute sa cour, écouta le récit de la marche des croisés à travers l'Europe, et lui donna même de riches présents.

L'armée de Pierre et de Gauthier, à laquelle c'étaient ralliés les restes misérables de deux autres troupes, venues, l'une du Palatinat, sous la conduite du moine Gotschalk, et l'autre des bords de la Moselle et du Rhin, sous le prêtre Volkmar et le comte Emicon, et que les Hongrois, révoltés de leurs excès, avaient presque complètement anéanties. Cette armée comptait près de 100,000 hommes. Elle respecta d'abord l'hospitalité que lui donna Alexis Comnène. Mais bientôt, s'étant abandonnée à son indiscipline accoutumée, et ayant pillé les maisons et les églises schismatiques des faubourgs de Byzance, l'empereur se hâta de se débarrasser de ces hôtes incommodes, en leur fournissant les vaisseaux nécessaires pour traverser le Bosphore.

Cette première armée des croisés alla camper sur le golfe de Moundania, dans un large vallon, près de la ville de Civitot, qu'a remplacée aujourd'hui le bourg de Ghemlik. Écoutant d'abord les conseils de la prudence, elle s'abstint d'attaquer les Turcs de Nicée. Mais cette sage conduite ne dura pas longtemps. Un certain Renaud s'étant emparé, avec 3,000 croisés, d'un château voisin, y fut bientôt assiégé à son tour par les musulmans, qui massacrèrent tous les chrétiens, que la famine avait contraints de se rendre.

Pour venger leurs compagnons, les croisés restés au camp s'avancèrent alors, au nombre de 25,000, vers Nicée, dont le sultan Kilidje-Arslan avait lui-même rassemblé des troupes considérables. Les deux armées se rencontrèrent à six lieues à l'ouest de Nicée.

Fig. 9. — Gauthier sans Avoir est reçu par le roi de Hongrie, qui lui permet de traverser ses États avec l'armée des croisés, d'après un manuscrit du XVe siècle.

Attaqués avant d'avoir pu tous se rallier, les croisés combattirent avec la plus grande bravoure, mais sans succès, contre les musulmans, mieux commandés et mieux armés. Gauthier Sans Avoir tomba, percé de flèches. L'ennemi ne fit pas de quartier; s'étant ensuite emparé du camp de Civitot, il y massacra tous ceux qui n'avaient pas réussi à s'enfuir. De cette nombreuse armée il n'échappa que 3,000 malheureux, que les Grecs recueillirent. Parmi eux se trouvait Pierre l'Ermite, dont désormais le rôle fut très effacé. « Ainsi succomba cette armée, dit Guillaume de Tyr, pour n'avoir pas su se soumettre au joug salutaire de la discipline. » Ce reproche pourra, malheureusement, être adressé plus d'une fois encore aux croisés.

Ce n'étaient là que les enfants perdus des trois grandes armées qui se préparaient en Europe par les soins des princes et des barons qui avaient pris la croix à Clermont. La vraie force militaire, la chevalerie, s'était enfin réunie. Ces trois armées régulières, qui s'étaient formées, l'une au nord de la France, l'autre au centre, la dernière au midi, se mirent en marche d'août en octobre 1096, par trois routes différentes, pour ne pas épuiser les pays qu'elles traversaient. Le rendez-vous général était à Constantinople.

L'armée du nord, composée de 10,000 chevaliers et de 80,000 fantassins, tirés de la Flandre, de la Lorraine, des bords du Rhin, s'ébranla le 15 août. Elle avait pour chef Godefroi de Bouillon, duc de Basse-Lorraine, qui, dans la guerre entre la papauté et l'empire, avait pris parti pour l'empereur Henri IV, tué de sa main le compétiteur de celui-ci, Rodolphe de Souabe, dans une bataille, et monté le premier à l'assaut de Rome (1044), action qu'il ne pouvait se pardonner et qu'il avait voulu expier en prenant la croix. Cette armée prit sa marche par le bassin du Danube, qu'elle traversa sans obstacle et sans désordre, et arriva en bon état à Constantinople.

L'armée du centre, composée de gens de l'Ile-de-France, de Normands, de Bourguignons, partit à la fin de septembre. Elle avait pour chefs Hugues, comte de Vermandois, frère du roi de France; Robert, duc de Normandie; Allan Fergant, duc de Bretagne; Étienne, comte de Blois, de Chartres et de Meaux, qui avait, disait-on, autant de châteaux que l'année comptait de jours; Robert, comte de Flandre. Parmi les barons, on comptait : Robert, prévôt royal de Paris, Gauthier de Saint-Valery, Roger de Barneville, Raoul de Beaugency, Yves et Albéric de Grandménil, Evrard de Puisaye, Achard de Montmerle, et Gui de Trussel. Elle traversa l'Italie, rétablit le pape Urbain en chassant de Rome l'armée d'Henri IV, se grossit dans la Pouille des enfants des conquérants de Naples, conduits par Boëmond, prince de Tarente, fils de Robert Guiscard, et par son neveu Tancrède, qui devait être un des héros les plus illustres de la croisade. Hugues de Vermandois traversa le premier l'Adriatique, aborda à Durazzo après avoir éprouvé une tempête qui brisa plusieurs de ses vaisseaux, et se rendit à Constantinople par l'Albanie et la Macédoine. Il fut bientôt suivi par Boëmond, qui déjoua, aux bords du Bardax, une embuscade tendue par

Alexis, commençant déjà le cours de ses trahisons envers les croisés; par le comte de Flandre et le reste de la seconde armée.

L'armée du midi, formée de Gascons, de Provençaux, de Toulousains, était commandé par Raymond de Saint-Gilles, comte de Toulouse, et par l'évêque du Puy, Adhémar, légat du saint-siège et chef spirituel de tous

Fig. 10. — Vaisseau qui conduisit en terre sainte Aimar de Monteil et Godefroi de Bouillon, d'après un manuscrit du XIIIe siècle.

les croisés. Elle traversa les Alpes helvétiques, la Lombardie et le Frioul, passa les Alpes juliennes, et atteignit Constantinople par les contrées presque sauvages de l'Illyrie et de l'Esclavonie.

Alexis Comnène, redoutant pour son empire les suites de cette arrivée des croisés à Constantinople, avait voulu s'assurer un ôtage, en détenant dans un palais, qui était en réalité une prison, le comte de Vermandois. Il fallut l'intervention de Godefroi de Bouillon pour que le prince français fût rendu à la liberté. Pour contraindre l'empereur à cet acte de loyauté et de réparation, Godefroi, qui arrivait en ce moment à Philippopolis avec la première armée des croisés, dut livrer au pillage de ses soldats les environs de cette ville. Nonobstant la magnifique réception que l'empereur fit ensuite à Godefroi de Bouillon, au duc de Tarente et au comte de Flandre, qui lui « jurèrent paix et féauté » (hommage), il les invita successivement à passer le Bosphore avec leurs gens.

Au mois de mars 1097, Godefroi établit son armée près de Chalcédoine, où il fut rejoint en dernier lieu par Raymond de Toulouse, qui avait dû en venir aux mains avec les Grecs, toujours perfides.

Alors toute l'armée des croisés leva son camp, et alla investir la grande ville de Nicée (15 mai), capitale du sultan de Roum ou d'Iconium. Quand elle en commença le siège, elle comptait, selon le dénombrement qui en fut fait, 600,000 hommes, au dire de Foucher de Chartres, chapelain de Baudouin. Après plusieurs combats contre les troupes de Kilidje-Arslan, elle fut prise, le 20 juin. Le siège avait duré six semaines.

Le 29, les croisés se portèrent en avant, et rencontrèrent, après trois jours de marche, toute l'armée de Kilidje-Arslan, dans la vallée de Dorylée en Phrygie. Le choc fut terrible. Les croisés, conduits par Boëmond, auraient succombé sans l'arrivée du comte de Vermandois et de Godefroi de Bouillon, avec un secours de 40,000 hommes d'armes, couverts de cottes de mailles de fer. Les Turcs ne purent résister à leur élan : ils furent mis en pleine déroute, et ne reparurent plus.

Fig. 11. — Prise de Nicée par les croisés, en 1097; d'après un vitrail du XIIe siècle.

Mais alors le grand ennemi des croisés fut la famine. Les Grecs ne leur fournissaient pas les vivres promis. Après s'être reposés quelque temps à Antiochette, ils pénétrèrent en Cilicie, dont Tancrède emporta la capitale, Tarse, et les autres villes, pendant que Baudouin, frère de Godefroi de Bouillon, à la tête d'une poignée d'hommes, passait le mont Taurus, pénétrait dans la Comagène, et s'emparait d'Édesse. Il s'en fit une principauté, en y joignant Tarse, Samosate et une partie de la Mésopotamie au delà de l'Euphrate.

Pendant ce temps, la grande armée des croisés entrait en Syrie, forçait le passage de l'Oronte, et arrivait, au mois d'octobre 1097, devant Antioche, où s'étaient enfermés les émirs ou lieutenants du sultan de Bagdad. Cette ville avait trois lieues de tour et était défendue par de fortes murailles. Le siège dura plus de six mois, et fut l'occasion de nombreux exploits de la part des chrétiens, que les privations décimaient cependant, et dont Étienne de Blois venait de se séparer avec les siens. Enlevée d'assaut, grâce à des intelligences que Baudouin s'était ménagées dans la place (juin 1098), elle fut décimée par les vainqueurs.

Mais la citadelle tenait encore et sa résistance permit à Kerbogah, prince de Mossoul et lieutenant du sultan de Bagdad, d'arriver avec une armée formidable, qu'il avait rassemblée avec l'aide des sultans de Damas et d'Alep, et où l'on ne comptait pas moins de vingt-huit émirs, avec près de 300,000 hommes. Trois jours après leur succès, les croisés se trouvèrent eux-mêmes assiégés dans Antioche par les musulmans. Les souffrances, les privations qu'ils endurèrent peuvent à peine se décrire. On voyait les plus hauts barons mendier leur pain dans les rues. Presque tous les chevaux des che-

valiers moururent. Alexis Comnène, qui s'était mis en
marche pour secourir les croisés, rebroussa chemin. Ce
fut un immense désespoir parmi les chrétiens. Tout
semblait perdu, lorsque la découverte d'une relique
rendit l'ardeur aux croisés, et détermina les chefs à
tenter un effort désespéré contre les infidèles. La bataille fut livrée, le 28 juin, sur les bords de l'Oronte;
elle dura tout un jour et se termina par une victoire
éclatante et décisive. Ce fut la ruine de l'empire des

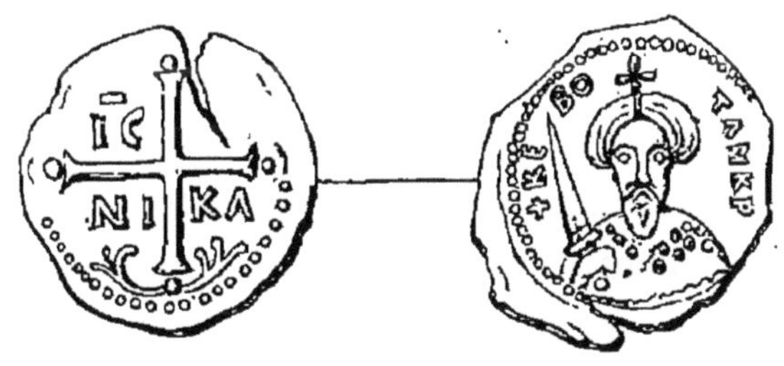

Fig. 12. — Denier d'argent de Tancrède, prince d'Antioche.

Turcs Seldjoucides. Les Fatimites d'Égypte en pro-
fitèrent pour rentrer dans Jérusalem.

Les croisés, à la fin de l'automne, se remirent en
marche vers la cité sainte, à l'exception de Boëmond,
qui resta dans Antioche, où il fonda une principauté à
son profit. Ils s'avancèrent ainsi en bon ordre par
Marrha, Tortose, Archis et Acre. Les chrétiens de
Palestine les recevaient avec des larmes de joie, « se
félicitant, dit Foucher de Chartres, de l'arrivée de ceux
dont ils souhaitaient depuis si longtemps la venue. »

Ce fut le 7 juin 1099 que les croisés arrivèrent devant les murs de Jérusalem. En la découvrant du haut
des collines d'Emmaüs, ils s'écrièrent avec transport :

« Jérusalem ! Jérusalem ! » Leur armée était réduite à 25,000 combattants ; mais c'étaient les chevaliers et leurs hommes. La ville était défendue par les Fatimites d'Égypte, qui venaient de la reprendre sur les Turcs Seldjoucides, contre lesquels ils avaient imploré le secours de ces mêmes Français qu'ils combattaient à présent. Il s'y étaient retranchés au nombre, dit-on, de 40,000 hommes. Le corps des croisés, commandé par Godefroi de Bouillon, prit position à l'occident ; le comte de Toulouse, à droite de celui-ci, en face de la tour de David, en tendant à s'étendre vers le midi. La partie du nord fut occupée par le duc de Normandie. Pleins d'enthousiasme et de confiance, mais redoutant aussi les meurtrières lenteurs d'un nouveau siège d'Antioche, les croisés tentèrent de s'emparer d'assaut de la ville, dès le cinquième jour de leur arrivée.

Jamais ardeur pareille n'enflamma une armée. Après avoir approché les murailles de la cité sainte en se couvrant de leurs boucliers, en forme de tortue, à la manière des anciens Romains, les croisés se servaient de pics, de marteaux, de leviers, à défaut de béliers qu'ils ne possédaient pas encore, pour rompre les murailles et s'ouvrir un passage par quelque brèche. Ils réussirent ainsi à renverser l'avant-mur et parvinrent au pied de la muraille intérieure, trop forte malheureusement pour être percée de la même façon. Ils essayèrent alors de l'escalade. Une échelle, la seule qu'on possédât, fut dressée, et quelques croisés parvinrent jusqu'au sommet de la muraille ; mais, comme ils ne purent être suivis d'autres en plus grand nombre, ils furent écrasés par l'ennemi.

Il fallut renoncer à poursuivre une entreprise si témé-
raire, et se résigner à faire de la ville un siège régulier.

Mais le bois manquait pour construire les tours roulantes et les autres machines nécessaires. On parvint
cependant à s'en procurer un peu dans une forêt voisine, et grâce à l'arrivée de neuf vaisseaux pisans et
génois dans le port de Joppé, on réussit enfin à cons-

Fig. 13. — Vue d'une partie des murs de Jérusalem
d'après une photographie.

truire deux hautes tours, l'une pour Raymond de Saint-
Gilles, l'autre pour Godefroi de Bouillon. Dominant
les murailles de Jérusalem, elles pouvaient en atteindre
les défenseurs.

Une des plus cruelles souffrances qu'eurent à endurer les assiégeants fut celle de la soif : le torrent du
Cédron, la fontaine de Siloë étaient à peu près dessé-
chés, et le peu d'eau bourbeuse et corrompue qu'on
parvenait à se procurer engendra bien des maladies
mortelles. Aussi les chefs de l'armée résolurent-ils de

donner un second assaut, aussitôt que les machines furent prêtes. Après un jeûne de trois jours, le vendredi 8 juillet, on fit tout autour de la ville une procession solennelle, où les évêques et le clergé marchèrent pieds nus, suivis des princes et des soldats en armes. Arrivés à la montagne des Oliviers, les troupes furent haranguées par Pierre l'Ermite et Arnould de Rohes, chapelain du duc de Normandie. Tancrède et Raymond de Saint-Gilles, qui avaient eu des démêlés ensemble, s'embrassèrent publiquement en signe de réconciliation. Prenant ensuite ses dernières dispositions, Godefroi résolut d'attaquer la ville par l'angle oriental, dans le voisinage de la porte Saint-Étienne. Le déplacement de ce camp immense se fit en une seule nuit.

Le jeudi, 14 juillet, à la pointe du jour, commença le suprême assaut, qui devait durer deux jours. Les tours roulantes, sur lesquelles étaient Godefroy, Tancrède et Raymond, furent rapprochées des murailles, que battirent les béliers, tandis que les arbalétriers et les archers faisaient pleuvoir une grêle de traits sur la ville, et que d'autres soldats plantaient des échelles dans les endroits les plus accessibles. Mais l'énergie de la résistance égalait la fureur de l'attaque. Après douze heures de combat, la nuit suspendit cette lutte incertaine. Elle recommença le lendemain, avec le même acharnement. Vers le soir, l'apparition sur le mont des Oliviers d'un cavalier agitant un bouclier, et dans lequel l'armée crut voir saint Georges lui-même venant à son secours, produisit un tel élan parmi les croisés, qu'ils franchirent enfin les pont-levis jetés du haut des

Fig. 14. — La piscine de Siloé.

tours sur les rem-
parts, et péné-
trèrent dans Jé-
rusalem.

Godefroi, pré-
cédé des deux
frères Lethalde
et Engelbert de
Tournai, suivi de
Baudouin du
Bourg, d'Eusta-
che, de Raim-
baud Croton, de
Guiche, de Ber-
nard de Saint-
Vallier, d'Ama-
nieu d'Albret,
avait le premier
franchi les murs
de la Ville sainte.
Presque en mê-
me temps, Tan-
crède la forçait
dans un autre en-
droit, avec les
deux Robert,
Hugues de Saint-
Paul, Gérard de
Roussillon, Louis
de Monson, Conon et Lambert de Montaigu, Gas-

Fig. 15. — Bélier; d'après une miniature du moyen âge.

ton de Béarn ; tandis que le comte de Toulouse, qui a dressé des échelles du côté du midi, parvient au sommet des remparts, suivi de Raymond Pelet, de l'évêque de Bira, du comte de Die, de Guillaume de Sabran. Enfin, la porte de Saint-Étienne est enfoncée à coups de hache par les croisés, qui ont pénétré dans la ville, et elle livre passage au reste de l'armée.

C'est ainsi que le vendredi, 15 juillet 1099, les croisés entrèrent dans Jérusalem : c'était le jour et l'heure où le Christ était mort sur la croix.

Malheureusement, cette victoire des croisés fut suivie d'un massacre impitoyable des défenseurs de Jérusalem : 10,000 furent tués dans la citadelle, où ils s'étaient réfugiés.

Godefroi, qui s'était abstenu du carnage, rappela par son exemple ses compagnons d'armes à des sentiments plus dignes de la cause qu'ils défendaient. Suivi seulement de trois serviteurs, il s'était, pendant cette tuerie, rendu, sans armes et les pieds nus, dans l'église du Saint-Sépulcre. Bientôt la nouvelle de cet acte de dévotion s'étant répandue dans l'armée chrétienne, aussitôt toutes les vengeances, toutes les fureurs s'apaisent. Les croisés se dépouillent de leurs habits sanglants, font retentir Jérusalem de leurs sanglots, et, conduits par le clergé, marchent ensemble, la tête découverte, les pieds nus, vers l'église de la Résurrection. Mais le lendemain les massacres recommencèrent. Entourés d'ennemis dans un pays éloigné, les chefs croisés, sauf Tancrède et Raymond de Saint-Gilles, voyaient dans ces horribles rigueurs une nécessité de salut pour l'armée chrétienne. On croit que plus de 70,000 musulmans périrent dans ce carnage.

Jérusalem ainsi reconquise, il lui fallait un souverain, ou plutôt un défenseur. Robert de Normandie, le comte de Flandre, Raymond de Saint-Gilles, déclinèrent plus

Fig. 16. — Prise de Jérusalem : Godefroi de Bouillon sur le donjon ; d'après un manuscrit du XIIIe siècle.

qu'ils n'envièrent cet honneur. Ce fut Godefroi de Bouillon qui fut nommé roi à l'unanimité (23 juillet 1099) ; mais il ne voulut pas ceindre un diadème là où Jésus-Christ avait porté une couronne d'épines. Il ne prit jamais, au lieu du titre du roi, que celui d'*avoué* ou défenseur du Saint-Sépulcre. Peu après, une sasemblée de barons, connue sous le nom d'*assises* de

Jérusalem, édicta pour le nouveau royaume une sorte de code, qui est un des monuments les plus précieux de la vie civile et politique du moyen âge.

Les croisés retournèrent alors en Europe, et il ne resta plus autour de Godefroi de Bouillon que 300 chevaliers, parmi lesquels l'illustre Tancrède. Trois autres principautés franques s'étaient fondées en Syrie et en Asie Mineure : celle d'Antioche sous Boëmond le Normand, le comté d'Édesse, sous Baudouin, frère de Godefroi de Bouillon, et le comté de Tripoli, sous Raymond de Toulouse, qui avait fait vœu de ne jamais revenir en Europe.

Quant au royaume de Jérusalem, qui après la mort de Godefroi de Bouillon, en 1100, passa à Baudouin, il était divisé en quatre grandes baronnies et douze seigneuries secondaires. Les quatre premières étaient le comté de Japhe et d'Ascalon, la seigneurie de Krak ; la *princée* de Galilée et celle de Sagette. Les baronnies du Darum, de Saint-Abraham, d'Arsur, de Césarée, de Naples, du Bessan, du Caïmont, de Cayphas, du Toron, du Scandelion, de Saint-Georges et de Barut formaient les fiefs secondaires.

Dispersés au milieu des populations mahométanes, les États francs ne tardèrent pas à être en péril. A l'appel de Baudouin, une seconde levée eut lieu en France (1100). Conduite par Guillaume IX, comte de Poitiers, auquel s'étaient joints Étienne de Blois et Hugues de Vermandois, le duc de Bourgogne et les comtes de Nevers et de Savoie, elle comptait près de 200,000 hommes. Elle périt presque tout entière en Asie Mi-

Fig. 17. — Godefroi de Bouillon, couronné des instruments de la Passion ;
d'après une gravure sur bois du XVe siècle.

neure, dans trois batailles qui lui furent livrées par le sultan d'Iconium. Les comtes de Blois et de Vermandois y avaient trouvé la mort.

Une troisième levée, qui eut lieu en 1107, et dont Boëmond lui-même conduisit les soldats, n'eut pas des résultats plus heureux.

Ainsi finit ce qu'on appelle la première Croisade. Elle avait coûté à la chrétienté et surtout à la France, plus de 800,000 hommes; mais elle avait ouvert à l'Europe les routes de l'Orient, mis en contact deux civilisations qui devaient se pénétrer l'une l'autre, préparé pour l'avenir bien des changements dans les mœurs, dans les institutions et dans les arts des nations du continent.

« En Orient, dit très bien Michelet, une petite Europe asiatique fut faite à l'image de la grande. L'ordre hiérarchique et tout le détail de la justice féodale y furent transplantés. La Judée était devenue une terre française. Notre langue, portée par les Normands en Angleterre et en Sicile, le fut en Asie par la Croisade. La langue française succéda, comme langue politique, à l'universalité de la langue latine, depuis l'Arabie jusqu'à l'Irlande. Le nom de Francs devint le nom commun des Occidentaux. Et quelque faible encore que fût la royauté française, le frère de Philippe Ier, ce Hugues de Vermandois qui se sauva d'Antioche, n'en était pas moins appelé par les Grecs le frère du chef des princes chrétiens et du « roi des rois ». Les Turcs eux-mêmes voulaient descendre des Français.

CHAPITRE III.

Seconde Croisade : Louis le Jeune. — Saint Bernard.
1146 — 1149.

Près de quarante années s'écoulèrent entre les derniers événements de la première Croisade et la prédication de la seconde.

Les colonies franques avaient prospéré, sous Baudouin du Bourg, successeur de son cousin, le premier Baudouin, mort en 1118. Ce troisième roi de Jérusalem s'était emparé de Ptolémaïs avec l'aide des Génois, et de Tyr avec l'aide des Vénitiens. Ces succès furent malheureusement compensés par l'établissement, sur les ruines des Seldjoucides, d'une nouvelle et plus puissante dynastie mahométane, celle des Atabeks, fondée par Zenguy, sultan d'Alep. A des adversaires corrompus et divisés se substituèrent, pour les chrétiens d'Orient, des adversaires actifs, ardents, unis. Le règne de Foulques d'Anjou, gendre de Baudouin III, auquel il succéda en 1131, fut marqué par des revers cruels, auxquels ne furent pas étrangères des divisions survenues entre les princes de Tripoli, d'Antioche et d'Édesse.

Cependant, à défaut de nouveaux croisés venus en masse de l'Europe chrétienne, il existait alors deux milices puissantes, guerrières, qui étaient à elles seules comme une croisade permanente. Nous voulons parler des moines-chevaliers de l'hôpital Saint-Jean de Jérusalem et du Temple. Ces deux ordres, tout à la fois religieux et militaires, avaient été fondés en 1104 et 1118 ; le premier, par le pieux Gérard pour prendre soin des blessés et des malades, et plus tard, sous le grand maître du Puy, pour combattre à outrance les infidèles ; le second, par neuf chevaliers français, compagnons de Godefroi de Bouillon, pour défendre les Lieux saints et protéger les pèlerins qui allaient visiter le tombeau de Jésus-Christ. Ainsi nommés parce que l'un avait son centre dans un hôpital consacré sous l'invocation de Saint-Jean, et l'autre dans une maison située sur l'emplacement du temple de Salomon, ces deux ordres militaires rivalisaient entre eux de dévouement aux pèlerins et de courage contre les infidèles. « A l'approche du combat, dit saint Bernard, ils s'armaient de foi au dedans et de fer au dehors ; ils ne craignaient ni le nombre ni la fureur des barbares ; ils étaient fiers de vaincre, heureux de mourir pour Jésus-Christ. »

Comme si tout, sur cette terre de Palestine, devait prendre le caractère militaire et héroïque, des chanoines, institués par Godefroi de Bouillon pour prier auprès du saint tombeau, avaient bientôt, à l'exemple des Hospitaliers et des Templiers, revêtu le casque et la cuirasse, et, sous le nom de chevaliers du Saint-Sépulcre, ils ne se distinguèrent pas moins que leurs modèles par leurs exploits et leur piété.

Les chevaliers de Saint-Jean portaient une robe de

couleur noire, avec un manteau à pointes de même couleur, auquel était cousu un capuchon ; sur le côté gauche du manteau était une croix de toile blanche. Les armes de l'ordre étaient : *De gueules à la croix pleine d'argent à huit branches*. A la guerre, ils portaient une cotte d'armes rouge.

Les Templiers étaient revêtus du manteau blanc,

Fig. 18. — Couronnement de Foulques d'Anjou ; miniature du XIIIᵉ siècle.

orné de la croix rouge. Leur règle avait été donnée par saint Bernard, et elle avait été approuvée par le concile de Troyes, en 1128. Lorsqu'ils allaient en guerre, ils se réunissaient sous leur étendard appelé *Beaucéant*, sur lequel était tracée cette légende : *Non nobis, Domine, sed nomini tuo da gloriam.*

Mais, de même que la discorde s'était mise entre les divers princes des colonies franques de la Terre sainte, de même aussi le relâchement s'était introduit dans la règle et dans les mœurs des ordres militaires : deux causes de faiblesse dont, à partir de 1131, se ressentirent les États chrétiens de Syrie.

Dans la nuit de Noël 1144, la ville d'Édesse, avant-poste des chrétiens dans la Syrie, fut emportée d'assaut et saccagée par Noureddin, fils de Zenguy, le puissant sultan d'Alep; 30,000 chrétiens furent massacrés, et 20,000 réduits en servitude. Antioche, Tripoli étaient menacés du même sort, et le royaume de Jérusalem lui-même, qui, depuis la mort de Foulques d'Anjou (1142), était gouverné par un enfant de quinze ans, Baudouin III, paraissait à la merci d'un envahisseur.

Ce fut un grand cri de douleur dans toute l'Europe et particulièrement en France, où les souverains de la première Croisade étaient encore vivants. Melisende, régente de Jérusalem, Raymond de Poitiers, prince d'Antioche, Pons de Toulouse, comte de Tripoli, envoyèrent des ambassadeurs en Europe pour réclamer des secours. L'évêque de Gibelet, en Syrie, se rendit à Viterbe, où était le souverain pontife, Eugène III, ancien moine de Clairvaux. Le 10 décembre 1145, ce pape écrivit au roi Louis VII et à tous les Français une lettre dans laquelle il les exhortait à s'armer pour la défense de la Terre sainte. Le roi, qui venait de se réconcilier avec le comte Thibaut de Champagne, se trouvait porté, tout à la fois par sa bravoure et par sa piété, à entreprendre une expédition en Orient. Cependant, la politique prudente de son ministre Suger l'en

aurait peut-être détourné, si saint Bernard n'eût été
là pour joindre aux prières des princes latins sa voix
toute-puissante alors dans la chrétienté.

Saint Bernard fut le véritable promoteur de la

Fig. 19. — Chevalier de l'ordre de Saint-Jean de Jérusalem
dit *Hospitalier*.

seconde Croisade. C'est lui, c'est sa prédication qui en
font la grandeur. Michelet a peint cet étonnant domi-
nateur d'âmes dans une page d'histoire, qui est un
chef-d'œuvre.

« L'Église, dit-il, était alors sous la domination d'un
moine, d'un simple abbé de Clairvaux, de saint Ber-

nard. Il était noble, comme Abailard. Originaire de la haute Bourgogne, du pays de Bossuet et de Buffon, il avait été élevé dans cette puissante maison de Cîteaux, sœur et rivale de Cluny, qui donna tant de prédicateurs illustres, et qui fit, un demi-siècle après, la croisade des Albigeois. Mais saint Bernard trouva Cîteaux trop splendide et trop riche ; il descendit dans la pauvre Champagne et fonda le monastère de Clairvaux, dans la *vallée d'absinthe*. Là, il put mener à son gré cette vie de douleurs qu'il lui fallait. Rien ne l'en arracha ; jamais il ne voulut entendre à être autre chose qu'un moine. Il eût pu devenir archevêque et pape. Forcé de répondre à tous les rois qui le consultaient, il se trouvait tout-puissant malgré lui, et condamné à gouverner l'Europe. Une lettre de saint Bernard fit sortir de la Champagne l'armée du roi de France... Les sens ne lui disaient plus rien du monde... A peine pouvait-il se tenir debout, et il trouva des forces pour prêcher la croisade à cent mille hommes. C'était un esprit plutôt qu'un homme qu'on croyait voir, quand il paraissait ainsi devant la foule, avec sa barbe rousse et blanche, ses blonds et blancs cheveux ; maigre et faible, à peine un peu de vie aux joues. Ses prédications étaient terribles ; les mères en éloignaient leurs fils, les femmes leurs maris ; ils l'auraient tous suivi aux monastères. Pour lui, quand il avait jeté le souffle de vie sur cette multitude, il retournait vite à Clairvaux, se bâtissant près du couvent sa petite loge de ramée et de feuilles. »

Louis VII, entraîné par la parole de saint Bernard,

annonça dans une première assemblée tenue à Bourges, en 1145, le jour de la Nativité, sa résolution de prendre la croix. Godefroi, évêque de Langres, applaudit à son zèle, et dans un discours pathétique, déplora la prise d'Édesse, les dangers et les désastres des chrétiens d'Orient. L'assemblée fut ajournée à Vezelay, dans le comté de Nevers, aux fêtes de Pâques de l'année suivante. Dans cet intervalle, le pape donna son approbation à la nouvelle croisade, et « enjoignit à chacun d'obéir au roi ». La même bulle d'Eugène III qui proclama la croisade confia aussi à l'abbé de Clairvaux la mission d'exhorter les fidèles à prendre la croix.

Fig. 20. — Sceau et armes de l'ordre du Temple.

Au jour fixé, eut lieu l'assemblée de Vezelay, où se trouvèrent réunis un grand nombre de seigneurs, de chevaliers, de prélats et d'hommes de toutes les conditions. Le dimanche des Rameaux, tout le peuple se pressant sur le penchant d'une colline, aux portes de la ville, trop étroite pour contenir cette foule, le roi, dans l'appareil de la royauté, et saint Bernard, dans le simple costume du cénobite, se placèrent, à côté l'un de l'autre, sur une estrade construite à cet effet. Après un discours entraînant de l'abbé de Clairvaux, qui fut fréquemment interrompu, comme autrefois celui de Pierre l'Ermite à Clermont, par les cris répétés de *Dieu le veut ! Dieu le veut !* Louis VII se jeta aux pieds du célèbre moine, et lui demanda la croix. Il prit lui-même la parole pour annoncer au peuple son dessein d'aller au secours des chrétiens d'Orient. Avec le roi et la reine Éléonore qui l'accompagnait, se croisèrent encore à Vézelay les évêques de Langres, de Lisieux, de Noyon, le comte de Toulouse, Thierry d'Alsace, comte de Flandre, Henri, fils du comte de Champagne, le comte Robert de Dreux et le sire Pierre de Courtenai, frères du roi, Guillaume de Nevers, Renaud, comte de Tonnerre, Yves, comte de Soissons, Guillaume, comte de Ponthieu, Archambaud de Bourbon, Enguerrand de Coucy, Hugues de Lusignan, plusieurs milliers de chevaliers, ainsi qu'une multitude de gens du peuple.

Après avoir prêché la croisade en France, saint Bernard la prêcha en Allemagne. L'empereur Conrad prit la croix, comme avait fait Louis VII. D'un autre côté, le roi de Hongrie, Geisa, promit aux croisés le libre passage par ses États, et l'empereur d'Orient,

Manuel Comnène, offrit à Louis VII, par des envoyés, son amitié et son alliance.

Après avoir pourvu, dans un parlement tenu à Étampes, le 16 février 1147, au gouvernement du royaume, qui fut confié à l'abbé Suger, assisté du comte de Vermandois et de l'archevêque de Reims, Samson Mauvoisin, le roi procéda aux derniers préparatifs de la Croisade.

Roger, roi de Sicile, avait offert aux croisés ses vaisseaux pour les transporter en Orient. Malheureusement l'on n'adopta pas cet itinéraire : on choisit celui de

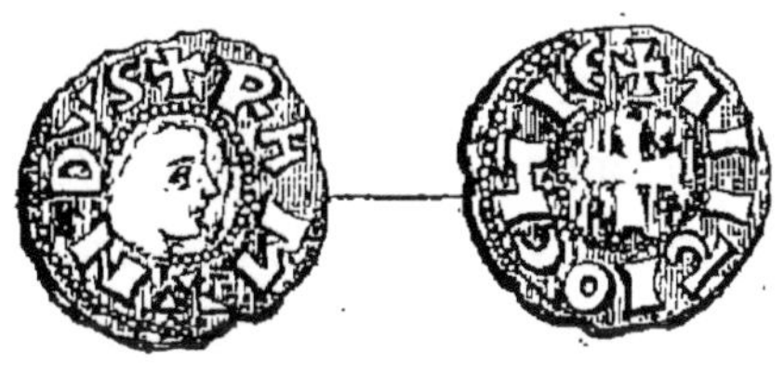

Fig. 21. — Denier de Raymond, prince d'Antioche.

terre, par la vallée du Danube, le même qu'avaient suivi les premiers croisés. Ce fut une grande faute; elle devint funeste à l'expédition.

Le départ avait été fixé à la Pentecôte (1147). Quelques jours auparavant, le roi, avec la reine et toute la cour, vint à Saint-Denis pour y prendre l'oriflamme. Il y fut reçu par Suger et par le pape Eugène III, accouru d'Italie pour bénir les croisés français et leur chef. Louis VII se dirigea ensuite sur Metz, où était le rendez-vous général et où il se trouva à la tête de plus de 100,000 hommes.

Si bien commencée, la seconde Croisade devait cependant n'aboutir qu'à des désastres. Les Allemands, qui avaient précédé les Français, furent à peu près anéantis dans les montagnes de l'Asie Mineure, où ils s'étaient engagés imprudemment. Plus sages, les Français, après avoir traversé le Bosphore, suivirent d'abord le rivage de la mer jusqu'à Éphèse; mais, fatigués de la longueur de la route, ils commirent aussi la faute de pénétrer dans les gorges de la Phrygie occidentale. Chaque passage, chaque défilé dut être conquis l'épée à la main. Au mont Cadmus, dont les hauteurs n'avaient pas été suffisamment gardées par un chevalier, Simon Rancon, auquel ce soin avait été confié, le roi faillit être pris, et ne dut son salut qu'à sa bravoure.

Les Turcs attendaient avec patience que l'armée chrétienne se fût engagée dans les défilés. Lorsqu'ils se croient sûrs de la victoire, ils s'ébranlent en poussant des hurlements horribles, et se jettent, l'épée à la main, sur les chrétiens désarmés, qui n'ont pas le temps de se rallier. Le désordre de l'armée française était indescriptible. Au-dessus des croisés, dit un témoin oculaire, des rochers escarpés s'élevaient jusqu'aux cieux; au-dessous, des précipices affreux s'enfonçaient jusqu'aux enfers. Les menaces des Turcs, les cris des blessés et des mourants, se mêlaient aux sifflements des flèches, aux hennissements des chevaux épouvantés, au bruit confus du torrent, au fracas des pierres détachées du sommet de la montagne et roulant dans les vallées. Dans cet effroyable tumulte, les chefs ne donnaient aucun ordre; les soldats ne pouvaient plus ni fuir ni combattre. Cependant les plus braves se rallient au-

Fig. 22. — Église de la Madeleine, à Vézelay, où saint Bernard prêcha, en 1146, la seconde Croisade. État actuel.

tour du roi et s'avancent vers le haut de la montagne. Trente des principaux seigneurs qui accompagnaient Louis périrent à ses côtés. Ce prince resta presque seul sur le champ de bataille, et se réfugia au pied d'un rocher, d'où il brava l'attaque des infidèles qui le poursuivaient. Adossé contre un arbre, il résista longtemps seul aux efforts de plusieurs Sarrasins, qui, le prenant pour un soldat, s'éloignèrent enfin de lui pour courir au pillage. Comme la nuit s'avançait, les musulmans, craignant d'être surpris à leur tour, abandonnèrent le théâtre de leur victoire. Louis, quittant alors son asile, monta sur un cheval abandonné, et rejoignit son avant-garde, qui le croyait mort.

Ce fut le seul épisode glorieux de la seconde Croisade.

Les croisés étaient arrivés diminués de moitié à Attalie. Là, le roi et les chevaliers s'embarquèrent sur des vaisseaux grecs pour Antioche. Le reste des croisés, qui continuèrent leur marche par terre, périrent presque tous de maladie ou sous le fer des musulmans. Sur 400,000 pèlerins à peine 10,000 atteignirent Jérusalem.

Arrivé à Antioche, Louis VII se réunit à l'empereur Conrad et résolut d'assiéger Damas. Mais la discorde se mit entre les princes syriens; Conrad retourna en Allemagne, et Louis se rembarqua bientôt après. Il était de retour en France en 1147, non sans avoir été pris par les Grecs, des mains de qui les Normands de Sicile le délivrèrent.

Ainsi finit la seconde Croisade, l'une des plus stériles. Un de ses résultats les plus funestes fut d'avoir été la première origine du divorce entre Louis VII et Éléonore d'Aquitaine. Ainsi furent perdues pour le royaume de France toutes les provinces du Midi qu'Éléonore avait apportées en dot à Louis VII, et qu'elle transporta à son second époux, Henri Plantagenet, comte d'Anjou (1152), qui deux ans plus tard devint roi d'Angleterre.

CHAPITRE IV.

Troisième Croisade : Philippe-Auguste.
Richard Cœur de Lion. — Saladin. — Siège de Ptolémaïs.
1188 — 1191.

Les deux premières Croisades avaient été plus encore
des pèlerinages armés, que de véritables expéditions militaires : femmes, enfants, vieillards y prirent part ; les
hommes d'armes en formaient la plus petite partie. La
troisième devait être toute différente. Philippe-Auguste
et Richard Cœur de Lion, qui en furent les chefs après
une première tentative infructueuse, et Frédéric Barberousse, empereur d'Allemagne, n'emmenèrent avec
eux que des chevaliers et des soldats, point d'hommes
inutiles. L'expérience avait enfin porté ses fruits. Un
autre effet de cette expérience fut l'abandon de la route
de terre pour celle de mer.

Un événement bien plus douloureux pour la chrétienté que l'avait été la prise d'Édesse, et qui eut en
Europe un bien plus grand retentissement encore,
donna naissance à cette nouvelle Croisade. Ce fut la
prise de Jérusalem elle-même, en 1187. Son vainqueur
était le célèbre Saladin, fils d'Ayoub et neveu d'un lieutenant de Noureddin, dont il détrôna les fils (1174).
Il venait de réunir sous sa puissance la Mésopotamie,

la Syrie, l'Égypte, où son oncle Shirkouk avait mis fin à la dynastie des Fatimites, et rendu à l'Islam son unité et sa force.

Pendant que les musulmans devenaient ainsi en Orient plus redoutables que jamais, les chrétiens au contraire s'étaient affaiblis par leurs dissensions intestines et le manque de vues politiques.

Amaury, qui avait succédé à son père Baudouin III sur le trône de Jérusalem, usa ses forces dans une lutte glorieuse mais stérile contre les sultans d'Égypte (1162). Son fils, Baudouin IV, un enfant malingre, ne fit que passer sur le trône, et à sa mort (1186), sa sœur Sibylle ayant hérité de la couronne, en ceignit le front de son mari, Guy de Lusignan. Le royaume fut alors partagé entre les partisans de Lusignan et ceux de Raymond de Tripoli, qui avait gouverné sous le faible Baudouin IV.

La loi salique, qui exclut les femmes de la couronne, n'existait pas dans les diverses principautés franques de Syrie, et ce ne fut pas une des moindres causes de leur décadence. Un contemporain, Bernard le Trésorier, raconte ainsi le couronnement de ce Guy de Lusignan, fils d'un comte de la Marche : « Quand la comtesse Sibylle fut couronnée, le patriarche lui dit : — Dame, vous êtes femme, il convient que vous ayez avec vous qui vous aide à votre royaume gouverner, qui mâle soit. Prenez cette couronne et la donnez à tel homme qui votre royaume puisse gouverner. — Elle prit la couronne, et appela son seigneur, qui était présent. Et elle lui dit : — Sire, venez ici, et recevez cette couronne; car

je ne sais où je la pourrais mieux employer. — Il s'a-
genouilla, et elle lui mit la couronne sur la tête. Ainsi il fut roi et elle reine. »

Aussitôt après ce couronnement, le comte de Tripoli était allé s'enfer-mer dans sa ville de Tibé-riade, devant laquelle Guy de Lusignan mit bientôt le siège. En même temps, une imprudence funeste de Re-naud de Châtillon, qui at-taqua et prit une riche ca-ravane musulmane, ame-na la rupture de la trêve entre Saladin et les chré-tiens. En présence des for-ces immenses que Saladin rassembla aussitôt, les prin-ces latins de Syrie se rap-prochèrent et unirent leurs forces. Ils rassemblèrent de la sorte 20,000 ou 30,000 hommes de pied et 12,000 chevaliers.

Une bataille décisive fut livrée sous les murs mêmes

Fig. 23. — Tombe plate de Sibylle, femme de Guy de Lusignan, roi de Jérusalem, morte en 1187 ; église de Namêche, près Namur.

de Tibériade (3 juillet 1187). Pendant deux jours, les chrétiens opposèrent à un ennemi très supérieur en nombre une résistance héroïque ; mais ils durent céder enfin. Le terrain était jonché de cadavres. Le bois de la vraie croix, que l'évêque d'Accon, puis celui de Lydda, après la mort du premier, avait porté dans la bataille, tomba au pouvoir des infidèles. Le roi de Jérusalem, son frère, le marquis de Montferrat, tous les Templiers et Hospitaliers tombèrent aux mains de l'ennemi. Le lendemain, Saladin fit décapiter devant lui Renaud de Châtillon, coupable d'avoir violé la trêve. Tous les soldats du Temple et de Saint-Jean furent massacrés après la bataille. Le comte Raymond, qui s'était enfui à Tripoli, peu de temps après mourut de désespoir.

Le vainqueur vint ensuite investir Jérusalem, et s'en empara par capitulation, après un siège de treize jours. La Ville sainte renfermait alors plus de 100,000 chrétiens. L'entrée des musulmans dans la ville eut lieu le samedi 3 octobre 1187. Saladin accorda la vie aux habitants, et leur permit de se racheter ; ceux qui ne le pourraient pas devaient rester en esclavage. Les guerriers eurent la liberté de se retirer à Tyr ou à Tripoli. Toutes les portes de la ville ayant été fermées, excepté celle de David, Saladin, élevé sur un trône, vit passer devant lui un peuple en larmes. Le patriarche, suivi du clergé, parut le premier, emportant les vases sacrés, les ornements de l'église du Saint-Sépulcre. La reine de Jérusalem, accompagnée des principaux barons et chevaliers, venait ensuite. Cette princesse était suivie d'un grand nombre de femmes, qui portaient leurs enfants dans leurs bras et qui faisaient entendre des cris

déchirants. Saladin se montra généreux à leur égard,
et leur adressa quelques paroles de consolation. Lui et
son frère, Malek-Adhel, rachetèrent de leur bourse un
grand nombre de captifs. Il resta cependant encore en
esclavage 16,000 chrétiens, dont 5,000 enfants. Les
chrétiens grecs obtinrent seuls l'autorisation de demeurer à Jérusalem, sous la loi qu'ils avaient subie autrefois, du temps de la domination musulmane.

Quand les chrétiens eurent quitté la ville, Saladin y
fit alors son entrée triomphale. Il était précédé de ses

Fig. 24. — Monnaie du sultan Saladin (1187).

étendards victorieux, et suivi des imans, des docteurs
de la loi et des ambassadeurs des princes musulmans.
Toutes les églises, excepté celle du Saint-Sépulcre,
avaient été converties en mosquées. Le sultan fit laver,
avec de l'eau de rose venue de Damas, les murs et les
parvis de la mosquée d'Omar : il y plaça lui-même la
chaire construite par Noureddin.

Il ne restait plus aux Latins en Syrie que les places
maritimes : Antioche, Tyr, Tripoli, Jaffa.

A la nouvelle de la perte de Jérusalem et de la ruine
du royaume fondé par Godefroi, le pape Urbain III

mourut de douleur ; un cri de vengeance s'éleva dans toute l'Europe chrétienne. La chaire en retentit, trouvères et troubadours en firent l'objet de leurs chants douloureux. « Laissons-là nos héritages, chantait l'un d'eux, Geoffroy Rudel ; allons contre ces chiens de mécréants. Barons de France et d'Allemagne, chevaliers anglais, bretons, angevins, béarnais, gascons et provençaux, soyez sûrs que de nos épées nous trancherons leurs têtes maudites. »

Un clerc d'Orléans composa en vers latins un hymne belliqueux, que répéta alors toute l'Europe chrétienne, et qui suscita autant de nouveaux croisés qu'avaient fait autrefois les discours de Pierre l'Ermite et de saint Bernard. Voici ce chant célèbre :

« Le bois de la croix est la bannière de notre chef, celle que suit notre armée.

« Nous allons à Tyr : c'est le rendez-vous des braves ; là doivent aller ceux qui s'épuisent en vains combats pour gagner le renom de chevalerie ! — Le bois de la croix, etc.

« Qui n'a point d'argent, s'il a la foi, c'est assez ! Le corps du Seigneur doit suffire comme viatique au défenseur de la croix. — Le bois de la croix, etc.

« Le Christ, en se livrant au tourmenteur, a fait un prêt au pécheur : pécheur, si tu ne veux mourir pour celui qui est mort pour toi, tu ne rends pas à Dieu son prêt. — Le bois, etc.

« Prends donc la croix, et, en prononçant ton vœu, recommande-toi à celui qui a donné pour toi son corps et sa vie. — Le bois, etc. »

Ce fut dans un parlement tenu par les rois de France et d'Angleterre, à Gisors, le 21 janvier 1188, que fut proclamée la nouvelle Croisade. La vue de Guillaume de Tyr, le même qui a raconté si éloquemment les premières croisades, son récit des maux des chrétiens d'Orient, la lecture d'une lettre du nouveau pape, Grégoire VIII, produisirent un tel effet sur l'auditoire qu'un cri général s'éleva : « La croix! la croix! » Philippe-Auguste se croisa aussitôt avec Richard Cœur de Lion, duc de Guyenne et comte de Poitou, qui allait bientôt monter sur le trône d'Angleterre; avec le duc de Bourgogne, les comtes de Champagne, de Blois, de Flandre, le vicomte de Narbonne, le sire de Couci, les archevêques de Rouen et de Canterbury, les évêques de Beauvais, de Chartres. Les croisés de France prirent la croix rouge, ceux d'Angleterre la croix blanche. Une assemblée générale de tous les barons et prélats de France, tenue peu après à Paris le dimanche de la Quadragésime, établit une dîme, dite *saladine*, sur tous ceux qui ne se croiseraient pas.

Toutefois, une nouvelle guerre, survenue entre le roi de France et celui d'Angleterre, ajourna pendant plus d'un an encore le départ des croisés. Ce ne fut qu'à la Saint-Jean d'été de 1190 que Philippe-Auguste, après avoir pris l'oriflamme à Saint-Denis, rejoignit à Vezelay Richard, devenu roi d'Angleterre par la mort de son père Henri II (6 juillet 1189). Richard avait reçu à Tours le bourdon et la besace de pèlerin des mains de Guillaume de Tyr.

Déjà Frédéric Barberousse, qui s'était croisé à

Mayence, était parti depuis un an, suivi de 100,000 hommes. Après avoir éprouvé les plus dures épreuves en Asie Mineure et résisté aux assauts des forces du sultan d'Iconium, il était mort misérablement dans le Sélef, un ruisseau où il n'avait pas d'eau jusqu'à la ceinture (10 juin 1190).

A la tête de leurs forces réunies à Vezelay, Philippe-Auguste et Richard Cœur de Lion marchèrent ensemble jusqu'à Lyon, où ils se séparèrent, pour s'embarquer, le roi de France à Gênes, le roi d'Angleterre à Marseille. Richard avait trente-trois ans, Philippe vingt-cinq; Saladin, qu'ils allaient combattre, cinquante-trois. Comparant entre eux les deux princes chrétiens, Michaud a dit : « Tous deux jeunes, ardents, braves, magnifiques, Philippe plus grand roi, Richard plus grand capitaine, avaient la même ambition et la même passion pour la gloire. La soif de la renommée, bien plus que la piété, les entraînait vers la Terre sainte ; l'un et l'autre, pleins de fierté, prompts à venger une injure, ne connaissaient, dans leurs différends, d'autre juge que leur épée ; la religion n'avait pas assez d'empire sur leur esprit pour faire plier leur orgueil, et chacun d'eux aurait cru s'abaisser s'il avait demandé ou reçu la paix. » Un autre historien, M. Dareste, en a tracé ce parallèle, peut-être plus juste : « Philippe agissait en tout avec calcul, sans se départir de son rôle de chef d'une grande expédition. Richard, moins réfléchi et plus mobile, cédait à tous les entraînements qu'éprouvaient alors les croisés. Nul ne représentait mieux la chevalerie du temps. Sa bravoure était proverbiale sa force de corps et son habileté à manier les armes excitaient l'admiration. »

Pour donner aux croisés retardataires le temps de les rejoindre, les deux rois s'arrêtèrent en Sicile, où régnait Tancrède, dit le Bâtard. Richard méditait secrètement de prendre à ce prince son royaume, sous prétexte de venger sa sœur, veuve du prédécesseur de Tancrède, et que celui-ci détenait en prison. Mais la fermeté de Philippe-Auguste, qui, comme suzerain, força Richard à enlever son étendard des tours de

Fig. 25. — Philippe-Auguste ; d'après une miniature du XIVe siècle.

Messine, sur lesquelles il l'avait déjà planté, déjoua ce dessein. Quittant le premier les rives siciliennes, Phi-lippe-Auguste cingla avec les croisés français vers Ptolémaïs ou Saint-Jean d'Acre, que l'armée chrétienne assiégeait depuis la fin d'août 1189. Cette armée était sous les ordres de Guy de Lusignan, et elle avait déjà vu se joindre à elle le duc de Bourgogne, le comte de Champagne, et les débris des croisés allemands sous les ordres de Frédéric de Souabe, fils de l'empereur Frédéric Barberousse.

Philippe débarqua au mois d'avril 1191. Cent mille hommes se trouvaient réunis devant la ville assiégée. On peut dire que toute la chevalerie de la chrétienté s'y était donné rendez-vous, de même que, à l'appel de Saladin, l'Islam tout entier s'unissait pour venir au secours de Ptolémaïs. « Dans ce camp immense, les chevaliers chrétiens, dit un auteur arabe, revêtus de leurs longues cuirasses à écailles de fer, ressemblaient de loin à des serpents qui couvraient la plaine ; lorsqu'ils volaient aux armes, ils ressemblaient à des oiseaux de proie, et dans la mêlée à des lions indomptables. »

Philippe-Auguste y fut reçu comme un sauveur, sa présence ranima l'espérance et la valeur des chrétiens. Dès son arrivée, il prit le commandement général, qui lui appartenait de droit, car il était le premier en dignité et en puissance. Les Français établirent leur quartier à portée de trait de l'ennemi ; et dès qu'ils eurent déployé leurs tentes, ils s'occupèrent de livrer un assaut. Mais Philippe, avec une magnanimité que la politique pouvait condamner, voulut attendre son frère d'armes, le roi Richard, qui s'était attardé sur sa route à la conquête de l'île de Chypre. Ce prince s'en empara sur Isaac Comnène, perfide à son égard comme l'étaient toujours les Grecs, et il érigea sa conquête en

royaume. Sept siècles plus tard, l'Angleterre devait, sous
le ministère de M. Disraëli, reprendre cette ancienne
conquête de l'un de ses rois.

Les Anglais arrivèrent deux mois après les Français
(8 juin). Ils furent accueillis par des feux de joie allu-
més dans la campagne de Ptolémaïs. La ville assiégée
vit alors sous ses murs tout ce que l'Europe avait d'il-
lustrations militaires et de vaillants soldats. Les tentes
des Francs couvraient une vaste plaine : en contem-
plant sur le rivage de la mer, d'un côté les tours de
Ptolémaïs, de l'autre le camp des chrétiens, où l'on avait
bâti des maisons, tracé des rues, élevé des forteresses,
on aurait cru avoir devant soi deux cités rivales qui s'é-
taient déclaré la guerre. « C'était la lutte de l'Europe
et de l'Asie, rapporte Michelet. Il s'agissait de bien
autre chose que de la ville d'Acre. D'après le témoignage d'un historien arabe contemporain, Saladin ne se
proposait rien moins qu'une anticroisade, une grande
expédition où il eût percé à travers toute l'Europe jusqu'au cœur du pays des Francs. »

De part et d'autre, les efforts furent gigantesques.
Tout ce qu'on savait d'art militaire fut mis en jeu, la
tactique ancienne et la féodale, l'européenne et l'asiatique, les tours mobiles, le feu grégeois, toutes les machines connues alors. Chrétiens et musulmans rivalisaient de bravoure, et même d'esprit chevaleresque, car
les idées et les mœurs de la chevalerie s'étaient intro-
duites parmi les sectateurs du Coran. Saladin envoyait
aux deux rois des fruits savoureux de Damas, et ceux-ci
lui faisaient présent de bijoux artistement travaillés.

Ce siège de Ptolémaïs, qui ne dura pas moins de trois années, fut une sorte de champ clos où les adversaires luttaient d'héroïsme. Philippe-Auguste, à peine relevé d'une maladie dont il avait été atteint dès son arrivée, montait à cheval pour encourager les assiégeants par sa présence ; et Richard, malade encore, se faisait souvent porter au pied des remparts, pour exciter l'ardeur de ses soldats. Dans une des attaques du camp par les musulmans, un cavalier en défendit seul une des portes. Une énorme cuirasse le couvrait tout entier ; les flèches, les pierres, les coups de lance ne pouvaient l'abattre ; tous ceux qui l'approchaient recevaient la mort ; tout hérissé de javelots, il restait toujours debout. Ce héros, cet Horatius Coclès chrétien, ne put être mis hors de combat que par le feu grégeois qu'on lança sur lui et qui le dévora.

Malgré cette bravoure, ces exploits, cette science militaire, les assiégeants faisaient cependant peu de progrès. La cause en était dans les divisions qui s'étaient ravivées de nouveau entre les deux monarques. Philippe-Auguste donnait trois écus d'or par mois aux chevaliers sans solde ; Richard en promit quatre aussitôt. Le premier soutenant les prétentions de Conrad, marquis de Montferrat, sur la couronne de Jérusalem, comme époux d'Isabelle, sœur de Sibylle et de Baudouin V, Richard prit parti pour Guy de Lusignan, leur compétiteur. L'armée chrétienne se trouva alors divisée en deux partis : on voyait d'un côté les Français, les Allemands, les Templiers, les Génois ; de l'autre les Anglais, les Pisans, les Hospitaliers.

Un compromis cependant ayant été arrêté entre les deux prétendants au trône de Jérusalem, le siège commença à avancer vers un dénouement funeste aux musulmans. Les Français se distinguaient entre tous, et dirigeaient leurs attaques sur la *Tour Maudite*, à l'est

Fig. 26. — Tour roulante destinée à l'escalade des murailles d'une ville ; d'après un manuscrit du XIVe siècle.

de la ville ; déjà elle commençait à être ébranlée, et devait bientôt ouvrir aux assaillants un chemin dans la place. Cependant, un assaut fut repoussé par les assiégeants, que le refus de conditions honorables avait exaspérés et remplis d'un sombre désespoir. Peu après, la famine commença à exercer ses ravages dans la ville Les assiégés formèrent alors le projet de sortir de la place au milieu de la nuit et de se faire jour à travers l'armée franque, pour rejoindre le camp de Saladin ; projet qui fut déjoué par la vigilance des croisés, qui gardaient toutes les issues de Ptolémaïs.

La ville se rendit le 10 juillet. Les défenseurs, au nombre de 5,000, se mirent à la merci du vainqueur, si, au bout de quarante jours, Saladin ne rendait pas aux chrétiens le bois de la vraie croix, avec 200 chevaliers captifs et 200,000 besants d'or, soit près de 2,400,000 francs de notre monnaie actuelle. Philippe et Richard empêchèrent le pillage et se partagèrent régulièrement le butin. Le duc d'Autriche, qui n'était le vassal d'aucun d'eux, ayant voulu arborer sa bannière sur une des tours de la ville, Richard la fit enlever et précipiter dans un fossé ; il devait payer cher cette insulte, quand, à son retour en Europe, il traversa les domaines du duc d'Autriche.

Tel fut ce siège mémorable, le plus long qui ait eu lieu dans les temps historiques. Plus que tout autre événement des Croisades, il contribua à mêler les civilisations d'Orient et d'Occident. La plaine d'Acre, selon la remarque judicieuse de Michelet, était devenue à la longue une patrie commune pour les deux partis. Pendant ce siège, on s'est mesuré, on s'est vu tous les jours, on s'est connu, les haines se sont effacées. Le camp des chrétiens est une grande ville, fréquentée par les marchands des deux religions. Ils se voient volontiers, ils dansent ensemble, et les ménestrels chrétiens associent leurs voix au son des instruments arabes, les troubadours et les jongleurs mêlent leurs *cançons* aux *gazzels* des poëtes musulmans. Dans l'intervalle des combats, on se visitait, on joutait, on banquetait ensemble. Les croisés étaient souvent admis à la table de Saladin, comme les émirs à celle des deux rois chrétiens. Richard portait à Chypre un manteau parsemé de croissants d'argent, et il fit proposer en mariage à Maleck-Adhel sa sœur, veuve de Guillaume de Sicile : il fallut l'intervention des évêques et des imans pour dissuader les deux princes de cet étrange projet. Maleck-Adhel envoya son fils à Richard pour recevoir de lui la chevalerie dans l'assemblée des barons chrétiens. Plus prudent, plus politique que Richard, Philippe-Auguste s'était surtout fait remarquer par sa facilité à se rapprocher des musulmans, par des mesures plus douces, plus humaines à l'égard de ses prisonniers ; Richard même l'avait accusé de correspondre avec les infidèles.

Nouveau siège de Troie, comme on l'a dit souvent, le siège de Ptolémaïs fut l'épisode le plus brillant des Croisades.

Malgré cet esprit chevaleresque, sur le refus de Saladin de remplir les conditions de la capitulation de Saint-Jean d'Acre, le roi Richard, le jour même où expirait le délai de quarante jours, fit décapiter, entre les deux camps, les 5,000 musulmans captifs (20 août 1191).

Le roi de France n'était plus alors sur le sol de la Palestine. Mécontent de la conduite de Richard, froissé chaque jour par l'orgueil tapageur de celui-ci, inquiet des affaires de son royaume, aussitôt la prise de la ville, il avait donné l'ordre du départ aux croisés français, laissant seulement en Orient 10,000 hommes sous le commandement du duc de Bourgogne. Il allégua l'état de sa santé, et ce n'était peut-être pas un prétexte. Attaqué de la fièvre, il avait craint le sort du comte de Flandre, mort de ce mal. Le 22 juillet, il envoya auprès du roi d'Angleterre le duc de Bourgogne et l'évêque de Beauvais, pour être délié de la promesse qu'il lui avait faite de ne pas se séparer de lui tant que l'entreprise commencée ne serait pas achevée. « Il ne s'en ira point d'ici par mon conseil, répondit Richard ; mais s'il faut qu'il meure ici ou revoie son pays, qu'il fasse ce qu'il veut et ce qui lui paraît convenable ainsi qu'aux siens. »

Ce fut le 31 juillet que Philippe-Auguste mit à la voile, du port de Tyr, sur trois galères de la république de Gênes, qui le débarquèrent à Otrante. C'est en vain qu'il se rendit à Rome, auprès du pape Clément III, pour être relevé du serment qu'il avait fait à Richard de ne rien entreprendre contre les terres du roi anglais pendant toute la durée de la croisade ; il n'en obtint que la permission de porter les palmes et la croix, insignes des pèlerins qui avaient accompli leurs vœux. Il était de retour à Fontainebleau après Noël de cette même année.

Richard lui-même, bien qu'il restât encore en Palestine, n'accomplit pas son vœu de délivrer le Saint-Sépulcre. Il ne vit que les tours de la ville. Sa victoire d'Assur resta inutile. Il manqua l'occasion de prendre Jérusalem, en refusant de promettre la vie à la garni-

Fig. 27. — Richard Cœur de Lion, roi d'Angleterre.

son. Au moment d'ailleurs où il approchait de la ville, le duc de Bourgogne partait avec les croisés français. Un chevalier lui montrant de loin la Ville sainte, il se mit à pleurer, et ramena sa cotte de maille devant ses yeux, en disant : « Seigneur, ne permettez pas que je voie votre ville, puisque je n'ai pas su la délivrer. » Peu après, il s'embarqua à Ptolémaïs, au milieu des chrétiens en larmes : « O Terre sainte, s'écria-t-il, je recommande ton peuple à Dieu ; fasse le ciel que je vienne encore te visiter et te secourir ! » Il quittait l'Orient

Fig. 28. — Heaume d'Eudes III, duc de Bourgogne, 1190;
d'après un sceau.

sans hommes et sans argent. Quelques jours auparavant était mort, à Tyr, le duc de Bourgogne, au milieu d'un accès de frénésie, que l'on considéra comme une marque de la vengeance divine pour son abandon.

En quittant la Terre sainte, Richard avait réglé tant bien que mal la difficile affaire de la succession au trône de Jérusalem. Il donna à Guy de Lusignan le royaume de Chypre, à condition que celui-ci renoncerait à ses droits sur la couronne de Jérusalem. Le trône de Godefroi de Bouillon devait appartenir à Henri de Champagne, qui venait d'épouser Isabelle, veuve du marquis de Montferrat, tombé à Tyr sous le poignard de deux émissaires du Vieux de la Montagne, chef de la secte des Assassins. Ce nouveau royaume de Chypre devait rester trois siècles entre les mains des Latins, et il contribua, plus que toute autre chose, à changer dorénavant la direction des Croisades. « Comme les Latins ne possédaient plus que les villes maritimes de la Syrie, dit M. Dareste, et que Chypre devait servir de base d'opération aux futures Croisades, il devint absolument nécessaire de suivre la route de mer et de s'appuyer sur des États qui possédaient des vaisseaux, comme Gênes, Pise, Venise. »

Ainsi se termina la troisième Croisade. Elle avait coûté à la chrétienté presque autant d'hommes que chacune des précédentes, et beaucoup plus à la chevalerie, qui n'avait jamais été plus nombreuse sous l'étendard de la croix. Si ses résultats militaires avaient été en somme assez médiocres, puisqu'ils s'étaient bornés à la reprise de Ptolémaïs, ses résultats politiques et sociaux avaient été considérables. La royauté française y avait affirmé sa suprématie sur tous les princes qui s'étaient associés à cette entreprise, même sur le roi d'Angleterre, que Philippe-Auguste traita toujours en vassal. Ce qu'on doit aussi remarquer, c'est le caractère très différent qu'eut la troisième Croisade, comparée aux deux qui la précédèrent. Le sentiment religieux ne la domine plus exclusivement : la politique y entre déjà pour beaucoup. Le récit même des historiens atteste cette différence. Les miracles, les révélations qui ont signalé la première Croisade disparaissent à la troisième. C'est une grande expédition militaire, une lutte de race autant que de religion. Si l'enthousiasme que donne la foi y est assez grand pour que ce soit encore une croisade, et que ce nom doive lui rester cependant dans le sens religieux, ce fut bien la dernière.

Celles qui suivront, à l'exception des deux croisades de saint Louis, ne seront que de brillantes aventures, tentées par l'ambition ou le besoin de batailler, ou bien des entreprises politiques.

Le roi de France avait surtout contribué à imprimer à la troisième Croisade le caractère que nous venons d'indiquer. Son rôle, en effet, avait été tout autre que celui de Richard. Si celui-ci avait été vraiment un héros, celui-là avait été vraiment un roi. Le but principal que se proposa Philippe-Auguste, bien que plus jeune que son rival, fut de remplir le devoir militaire que l'opinion du temps imposait aux souverains, et de se montrer à la tête d'une grande armée, commandant à des princes comme à des rois étrangers.

Si le siège de Saint-Jean d'Acre a pu être comparé au siège de Troie, Philippe-Auguste en fut véritablement l'Agamemnon, le « roi des rois ». Avec lui la France fut élevée au premier rang parmi les nations, et son roi domina tous les trônes.

CHAPITRE V.

Quatrième Croisade : Foulque de Neuilly. — Prise de Constantinople. — L'Achaïe féodale.

1199 — 1204.

Si les souverains, comme le roi de France, occupé de ses luttes avec Richard, puis avec Jean sans Terre, comme l'empereur Henri VI poursuivant la conquête de la Sicile par les moyens les plus atroces, perdaient de vue Jérusalem et les chrétiens d'Orient, il n'en était pas de même de la papauté. Le partage du vaste empire de Saladin entre ses fils (1193) et l'affaiblissement de la puissance de l'Islam qui en fut la suite, firent concevoir de nouvelles espérances à Innocent III, qui venait de monter sur le trône pontifical en 1198, à l'âge de trente-trois ans. Il chargea aussitôt son légat, Pierre de Capoue, de prêcher la croisade en France. Lui-même, dans des lettres éloquentes, chercha à réchauffer le zèle des princes chrétiens. Grâce à trois levées faites de 1095 à 1097 en Allemagne, les chrétiens d'Orient avaient pu reprendre Jaffa, perdue après la mort de Saladin, et dégager les côtes, mais Jérusalem et l'intérieur restaient au pouvoir des musulmans.

Cependant, le vrai promoteur, le vrai prédicateur de la quatrième Croisade fut un humble prêtre, Foulque, curé de Neuilly-sur-Marne. C'est par lui que le célèbre chroniqueur contemporain, Geoffroy de Ville-Hardouin, commence ainsi son récit de la conquête de Constanti-nople : « Sachez que mil cent quatre-vingt-dix-sept après l'incarnation de Notre-Seigneur Jésus-Christ, au temps d'Innocent pape de Rome, et de Philippe roi de France, et de Richard roi d'Angleterre, il y eut un saint homme en France qui avait nom Foulque de Neuilli (ce Neuilli est entre Lagni-sur-Marne et Pa-ris); et il était prêtre et tenait la paroisse du village. Et ce Foulque que je vous dis commença à parler de Dieu par l'Ile-de-France et par les autres pays d'alen-tour... Sachez que la renommée de ce saint homme alla tant qu'elle vint au pape de Rome, Innocent ; et le pape envoya en France, et manda au prud'homme qu'il prêchât la croix par son autorité. »

Il n'avait ni l'aspect presque sauvage d'un Pierre l'Ermite, ni la figure ascétique de saint Bernard. C'était un homme simple et comme tous les autres ; il n'avait rien de singulier dans ses vêtements et sa ma-nière de vivre ; *il allait à cheval et mangeait ce qu'on lui donnait.* Après une jeunesse de plaisirs, il s'était re-penti, et voulait ramener tous les pécheurs à la voie du salut. A l'époque où nous sommes arrivés, c'est à la prédication d'une nouvelle croisade qu'il consacrait son éloquence et son énergie. On le voyait prêcher tantôt dans les églises, tantôt dans les assemblées de chevaliers, tantôt devant le peuple sur les places pu-bliques. Dépouillée des arguties de la scolastique, son éloquence était simple, véhémente et allait droit au cœur de ses auditeurs. Les auteurs contemporains parlent de lui comme d'un nouveau saint Paul. Après avoir le premier pris la croix dans un chapitre général de l'ordre de Cîteaux, il parcourut la Champagne, où son succès fut immense, la Flandre, la Bourgogne, la Normandie. Trois saints hommes l'aidèrent dans son œuvre, Herloin, moine de Saint-Denis, Martin Lintz et

Fig. 29. — Bandouin IX, comte de Flandre, puis empereur de Constantinople ; d'après un sceau.

Eustache, abbé de Flay, qui prêchèrent la croisade, le premier en Bretagne et en bas Poitou, les deux autres sur les bords du Rhin et en Angleterre. La quatrième Croisade resta pourtant encore française par le nombre de chevaliers français qui y prirent part, sinon par ses chefs.

Le 29 novembre 1199 avait lieu à Lery-sur-Aisne un brillant tournoi, que présidait le jeune comte Thibaut IV de Champagne, neveu des rois de France et d'Angleterre, et frère de cet Henri II, comte de Champagne, mort roi titulaire de Jérusalem. La fleur de la chevalerie s'y était rassemblée. C'est là qu'à la suite d'un discours de Foulque de Neuilly, la nouvelle croisade fut décidée par acclamation. Thibaut IV, dont le père avait suivi Louis le Jeune à la seconde Croisade, et qui était pour ainsi dire de race des croisés, fut le premier qui prit la croix. Après lui se croisèrent le comte de Chartres et de Blois, son cousin; les comtes Gauthier et Jean de Brienne; Baudouin, comte de Flandre, avec sa jeune femme, sœur de Thibaut; les comtes de Saint-Pol, d'Amiens, du Perche; le sire de Joinville, oncle de l'historien; Geoffroy de Ville-Hardouin, maréchal de Champagne; Simon de Montfort, qui revenait de la Terre sainte, et les représentants des plus grandes familles de la France et de la Bourgogne, les Nesles, les Boves, les Coucy, les Montmorency. Pour subvenir aux frais de l'expédition, on plaça, — pour la première fois, — des troncs dans les églises. Le pape fit fondre sa vaisselle d'argent, et établit une taxe sur les biens meubles et immeubles des clercs comme des laïques.

Les principaux chefs de la croisade se réunirent d'abord à Soissons, ensuite à Compiègne. Ils donnèrent le commandement de l'expédition au comte Thibaut, puis, après la mort de ce jeune prince, et sur le refus du duc de Bourgogne, au marquis de Montferrat, un des modèles de la chevalerie, dont le frère, mari d'Isabelle, avait été roi de Jérusalem. Ce prince vint à

Soissons, et reçut la croix des mains du curé de Neuilly, dans l'église de Notre-Dame, en présence du clergé et du peuple. On décida, en outre, que l'on prendrait la route de mer, et six députés, à la tête desquels était Ville-Hardouin, maréchal de Champagne, furent envoyés à Venise, pour traiter avec la république du transport des croisés.

La république avait alors pour doge le vieux Dan-

Fig. 30. — Marie de Champagne, femme de Baudouin IX ; d'après un sceau.

dolo, aussi habile homme de guerre que politique avisé, et auquel ses quatre-vingt-dix ans n'enlevaient rien de son feu et de son intelligence. Le traité qu'il passa avec les députés français fut tout à l'avantage de la république. Elle exigea 85,000 marcs (4 millions de francs), et la moitié des conquêtes qui seraient faites par les croisés, pour le transport de 20,000 hommes et de 4,500 chevaux, et pour leur nourriture pendant neuf mois. La ratification de ce traité eut lieu par le peuple lui-même dans l'église Saint-Marc. Voici comment le chroniqueur Ville-Hardouin raconte cette solennité :

« Le doge en assembla à la fois bien dix mille en la chapelle de Saint-Marc, la plus belle qu'il soit ; et il leur dit qu'ils ouïssent une messe du Saint-Esprit, et priassent Dieu de les conseiller sur la requête que les messagers ambassadeurs leur avaient faite, et ils le firent bien volontiers. Quand la messe fut dite, le doge manda aux messagers de requérir tout le peuple humblement pour qu'il consentît que cette convention fût faite. Les messagers vinrent à l'église. Ils furent bien regardés de maintes gens, qui ne les avaient jamais vus. Geoffroy de Ville-Hardouin, le maréchal de Champagne, prit la parole par l'accord et la volonté des autres messagers et leur dit :

« Seigneurs, les barons de France les plus hauts et les plus puissants nous ont envoyés à vous ; et ils vous crient merci, afin que vous ayez pitié de Jérusalem qui est sous le servage des Turcs, et que pour Dieu vous vouliez les aider à venger la honte de Jésus-Christ. Et ils vous ont choisis parce qu'ils savent que nuls peuples qui soient sur mer n'ont un aussi grand pouvoir que vous et vos gens. Et ils nous coummandèrent de tomber à vos pieds, et de ne pas nous en relever jusqu'à ce que vous nous eussiez octroyé que vous auriez pitié de la Terre sainte d'outre-mer.

« Alors les six messagers s'agenouillèrent à leurs pieds, pleurant beaucoup ; et le doge et tous les autres éclatèrent en pleurant de pitié, et s'écrièrent tout d'une voix, et tendirent leurs mains en haut, et dirent : « Nous l'octroyons ! nous l'octroyons ! » Alors, il y eut un si grand bruit et un si grand tumulte qu'il semblait que la terre s'effondrât. »

Cependant, le départ des croisés n'eut pas lieu immé-

Fig. 31. — Église de Saint-Marc, à Venise.

diatement. Ce fut seulement l'année suivante (1202), après Pâques et vers la Pentecôte, que les croisés se mirent en route, les uns vers Venise, les autres vers les ports de l'Italie méridionale. Foulque de Neuilly ne vit pas ce départ : il mourut le 2 mars 1201, dans sa cure de Neuilly, et fut enseveli avec pompe dans l'église de sa paroisse. Ce fut un grand deuil pour toute la chrétienté.

Au printemps de 1202, les croisés commencèrent à se mettre en marche ; « maintes larmes furent versées à leur partement et au prendre congé de leurs parents et amis. » Les comtes de Flandre, de Blois et de Saint-Pol, le maréchal de Champagne, avec leurs hommes, prirent leur chemin par la Bourgogne et le mont Cenis. Ils furent rejoints au delà des Alpes par le marquis de Montferrat, tandis que quelques seigneurs flamands gagnaient Venise par le détroit de Gibraltar. Villain de Neuilly, Regnard de Dampierre, et les autres croisés qui prirent, avec lui, le chemin de la Pouille, firent un tort considérable à l'expédition, en diminuant d'autant les ressources pécuniaires dont on avait besoin pour payer la somme promise aux Vénitiens.

Arrivé à Venise, vers le mois de juillet 1202, le gros de l'armée des croisés campa dans la petite île de Saint-Nicolas. « Jamais, dit Ville-Hardouin, il ne se vit une plus belle armée, ni plus nombreuse, ni composée de plus vaillants hommes. Les vaisseaux et les approvisionnements promis par les Vénitiens étaient tout prêts, et même en plus grande quantité qu'il n'était nécessaire. Mais les chefs de l'expédition, par suite des routes différentes suivies par d'autres croisés, n'avaient pas l'argent suffisant pour remplir leur obligation envers la république, même après que le marquis de Montferrat, le comte de Flandre, le comte de Saint-Pol et d'autres riches barons eurent envoyé leur vaisselle d'or et d'argent au doge ; il manquait encore trente-quatre mille marcs d'argent pour parfaire le prix convenu. »

C'est alors que Dandolo, avec plus d'habileté politique que de dévouement aux intérêts de la chrétienté, offrit aux croisés d'aider la république à reprendre la ville de Zara, en Dalmatie, que le roi de Hongrie venait de lui enlever, moyennant quoi un délai leur serait accordé pour l'acquittement des 34,000 marcs stipulés. C'était, comme on peut le voir, un véritable marché usuraire. Aussi y eut-il d'abord une vive opposition parmi les croisés, dont les uns aspiraient déjà à retourner dans leur pays, et les autres estimaient qu'il était contraire à leur vœu de combattre contre un prince chrétien, comme le roi de Hongrie, qui lui-même avait pris la croix.

Toutefois, la condition finit par être acceptée, et même les croisés ne purent retenir leur émotion quand ils virent le vieux Dandolo se lever dans l'assemblée qui se tint en l'église Saint-Marc, demander à se croiser malgré son âge, « s'en aller devant l'autel, se mettre à genoux tout pleurant, et se faire attacher la croix sur son bonnet ducal, parce qu'il voulait que tous la vissent ».

Le 8 octobre, les croisés mirent enfin à la voile. La mer était couverte de 480 bâtiments de guerre et de transport, portant 40,000 hommes, cavaliers ou fantassins. « Alors, dit Ville-Hardouin, furent montés les navires par les barons. Ah! Dieu, que de bons destriers y furent mis! Et quand les navires furent chargés d'armes et de vivres, de chevaliers et d'écuyers, les boucliers furent rangés tout le long du bord et sur le tillac des vaisseaux, et les bannières dont il y avait tant de belles... Jamais plus belle flotte ne partit d'aucun port. »

Après avoir soumis Trieste et les autres villes maritimes de l'Istrie, révoltées contre Venise, les croisés arrivèrent, le 10 novembre, devant Zara, cité alors très peuplée, et dont les fortifications venaient d'être augmentées. Elle fut réduite cependant après cinq jours de siège, et le butin fut partagé entre les Vénitiens et les croisés. L'armée passa l'hiver dans cette ville, où se rendirent les ambassadeurs de Philippe de Souabe, gendre d'Isaac Comnène, empereur de Constantinople, que son frère Alexis venait de détrôner, et bientôt après le fils même de ce souverain, le jeune Alexis. Ils venaient supplier les croisés de venger Isaac, et de le replacer sur le trône de l'empire d'Orient.

Dandolo, toujours disposé à faire passer les intérêts de Venise avant ceux de la chrétienté, appuya de toute son influence une expédition contre Constantinople, qui donnerait au commerce vénitien des avantages dont leurs rivaux sur mer, les Pisans, étaient alors en possession. Mais, comme pour l'affaire de Zara, il y eut de nombreux opposants, parmi lesquels l'abbé de Vaux-de-Cernay, et son frère le comte de Montfort. Ce dernier quitta même brusquement l'armée, et cingla vers Jérusalem.

A la fin, l'amour des aventures chez les uns, la perspective de conquérir de riches principautés chez les autres, l'espoir chez quelques-uns de faire rentrer l'Église grecque dans le giron de Rome, l'emportèrent, et l'expédition contre Constantinople fut résolue.

Le 7 avril 1203, la flotte croisée quitta Zara et se dirigea vers la Propontide, rangeant successivement Corfou, où l'on apprit la conquête que Gauthier de Brienne venait d'accomplir du royaume de Naples avec soixante chevaliers ; Nègrepont, Andros, où le jeune Alexis fut proclamé empereur ; puis, dans l'Hellespont, Abydos, où l'on renouvela les approvisionnements ; Lampsaque, Gallipoli.

Elle s'arrêta à la pointe de Saint-Étienne (*San-Ste-fano*), à trois lieues de Constantinople. Les chefs, sur les conseils de Dandolo, résolurent de s'établir dans les

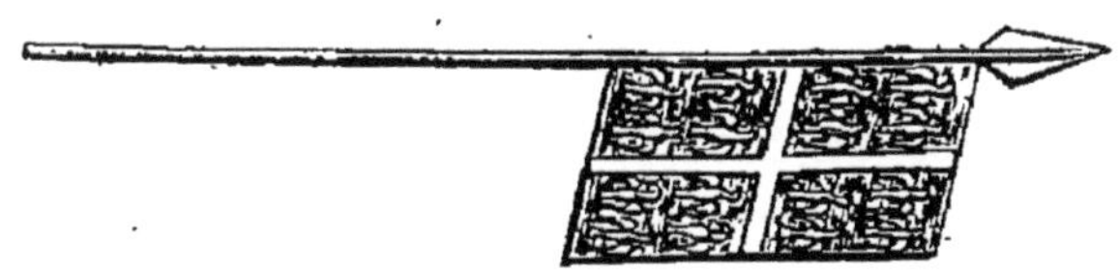

Fig. 32. — Bannière de Matthieu de Montmorency, 1230.

îles des Princes, mais le vent en décida autrement. Poussée par une forte brise, la flotte, passant devant les murailles mêmes de Constantinople, s'arrêta près de Chalcédoine, d'où, le surlendemain, elle jeta l'ancre devant Scutari (27 juin). Ville-Hardouin raconte ainsi le trajet des croisés, de San-Stefano à Scutari :

« Au matin, le jour de la fête de monseigneur Saint-Jean-Baptiste (24 juin), furent dressées les bannières et les gonfalons (écharpes en pointes dont les chevaliers ornaient leurs lances), sur les tillacs des navires, et les housses ôtées des boucliers, et les bords des vaisseaux garnis. Chacun regardait ses armes, telles qu'il les devait avoir, car il savait pour sûr que bientôt il en aurait besoin. Les mariniers lèvent les ancres, et laissent les voiles aller au vent ; et Dieu leur donne bon vent, tel qu'il le fallait. Ils passent ainsi jusque devant Constantinople, si près des murs et des tours qu'on tira sur beaucoup de leurs navires. Il y avait tant de gens sur les remparts et sur les tours, qu'il semblait qu'il n'y en eût pas ailleurs... Ils se dirigeaient sur la terre ferme aussi droit qu'ils pouvaient. Ils prirent terre devant un palais de l'empereur appelé Chalcédoine. C'était en face de Constantinople, sur la rive de la Turquie. »

Le 6 juillet, après avoir entendu la messe, les chefs de la croisade tinrent conseil, à cheval, dans une vaste plaine, qui est aujourd'hui le cimetière de Scutari. On décida de remonter sur la flotte, de traverser le Bosphore et d'attaquer immédiatement la ville. L'armée, forte de trente à quarante mille hommes, fut divisée en six corps de bataille, commandés par Baudouin, comte de Flandre, avec l'avant-garde ; Mathieu de Valincourt, Hugues de Saint-Pol, avec les Picards ; le comte de Blois, avec les gens du pays de Loire ; Mathieu de Montmorency, avec ceux de l'Ile-de-France et de Champagne ; Boniface, marquis de Montferrat, avec les Lombards et les Toscans.

Sur l'autre rive, l'empereur Alexis occupait, avec une armée d'une soixantaine de mille hommes, le penchant de la colline de Péra, depuis la pointe de Tophana jusqu'à Bétuschi. Il n'attaqua pas cependant les croisés à leur débarquement, qui eut lieu, vers le milieu du jour, avec beaucoup de rapidité et d'audace. « Les che-

Fig. 35. — Un archer.

valiers, dit Ville-Hardouin, sortirent des vaisseaux et sautèrent dans la mer jusqu'à la ceinture, tout armés, les haumes lacés et la lance à la main ; et les bons archers aussi, et les bons arbalétriers, chacun avec sa compagnie, là où elle aborda. »

A leur approche, Alexis et son armée se hâtèrent de rentrer dans la ville, dont l'enceinte de murailles, avec ses nombreuses tours, était formidable, et contenait une population de quatre à cinq cent mille âmes. Les croisés passèrent la nuit dans le quartier de Stanor. Le lendemain, ils s'emparèrent de la tour de Galata, ainsi que du quartier de ce nom, et prirent possession du port, en rompant la chaîne qui en fermait l'entrée. On décida alors que les Vénitiens attaqueraient la ville par mer, et les Français par terre. Ceux-ci, en effet, traversant le Cydaris, allèrent s'établir sur la colline où se trouve aujourd'hui le faubourg d'Ayoub, devant la porte d'Egricapou, ou *porte oblique.*

Après dix jours d'escarmouches sans importance, le 17 juillet, eut lieu l'assaut général. Pendant que trois corps de bataille restaient à garder le camp, les trois autres, ceux de Baudouin, du comte de Blois et d'Hugues de Saint-Pol, attaquèrent la muraille ; mais elle était défendue à cet endroit par la garde Varangienne, composée de Danois et de Saxons, réfugiés d'Angleterre, et de Pisans, la seule troupe redoutable de l'empire. Malgré leur audace, les croisés durent abandonner l'attaque, après avoir eu deux des leurs faits prisonniers. Pendant ce temps-là, les Vénitiens étaient plus heureux. Dandolo, qui avait des intelligences dans la place parmi les commerçants grecs, s'était emparé de vingt-cinq tours ; l'étendard de Saint-Marc avait été arboré sur la première par une main invisible. Le vieux guerrier ne voulut pas cependant engager ses troupes dans l'intérieur de cette immense ville, et il se porta alors au secours des croisés, chargés de l'attaque par terre, et qu'Alexis, sorti par les portes de Sélivrée et d'Andrinople avec toute son armée, menaçait d'envelopper. Cette armée était si nombreuse « qu'il semblait, dit Ville-Hardouin, que toute la ville fût sortie ». Encore une fois le cœur manqua à l'empereur ; il n'osa pas attaquer les croisés, et rentra dans la ville.

Une révolution l'y attendait. Indignée de sa lâcheté, la population était accourue à la prison où était enfermé Isaac l'Aveugle, l'avait délivré et proclamé empereur. Alexis, rassemblant à la hâte quelques trésors, s'enfuit furtivement sur un vaisseau, et gagna Dibalte. Le lendemain, 18 juillet, les croisés firent, avec leur jeune protégé, le prince Alexis, leur entrée triomphale dans Constantinople.

La bonne entente des Latins et des Grecs ne fut pas cependant de longue durée. Le jeune Alexis avait promis aux croisés, lors de son séjour à Zara, de leur payer une indemnité de 200,000 marcs, puis de fournir des troupes pour la conquête de Jérusalem, et de mettre fin au schisme d'Orient en réconciliant l'Église grecque avec l'Église latine. Mais le trésor de l'empereur était vide. Il demanda des délais pour le paiement de la somme promise, et les croisés durent passer l'hiver

Fig. 34. — Seconde prise de Constantinople par les croisés en 1204.
D'après une peinture du Tintoret. XVIᵉ siècle.

14

campés à Galata, ajournant leur départ au printemps prochain.

Pendant ce temps, un incendie terrible, qui consuma une partie de la ville, et que les Vénitiens furent accusés d'avoir allumé par jalousie des commerçants grecs et génois ; l'annonce d'une lettre de soumission que le patriarche grec, disait-on, avait écrite au pape, enflammèrent bientôt les passions des habitants de Constantinople, qui se soulevèrent contre l'empereur, dont la restauration menaçait leur foi religieuse (janvier 1204). Alexis Ducas, chef d'une des grandes familles byzantines, surnommé Murzufle, ou l'homme au sourcil plissé, se fit proclamer empereur, et ordonna d'étrangler le vieil Isaac et son fils Alexis.

Les croisés, dont cet événement anéantissait le traité conclu avec les Grecs, résolurent alors de s'emparer de Constantinople et de se partager les provinces de l'empire. Malgré une certaine énergie, Alexis Ducas ne put, sans armée et sans argent, leur opposer une résistance efficace.

Le 8 avril 1204, les croisés donnèrent l'assaut du côté de la Corne d'Or. Il fut terrible ; il fallut y revenir plusieurs jours de suite. Enfin, le lundi 10 avril, la ville fut emportée. Un Français nommé d'Urboise, et un Vénitien, Pierre Alberti, avaient les premiers escaladé la muraille, et les bannières des évêques de Troyes et de Soissons avaient, avant toutes les autres, flotté sur les tours. Un cavalier, nommé Pierre Bracheux, qui était entré par la porte Pétrion, pénétra presque seul jusqu'à la colline où Murzufle était campé ; il renversait

tout devant lui, et, suivant Nicetas, « paraissait »
aux Grecs terrifiés « haut de cinquante pieds ».

Les chefs s'efforcèrent de limiter les abus de la victoire ; néanmoins, la ville fut cruellement pillée. Telle
fut l'énormité du butin qu'il resta encore aux Français
500,000 marcs, après que les Vénitiens en eurent
prélevé 50,000 pour se payer de ce que les croisés
leur devaient encore. Une foule de monuments de
l'art périrent ; les églises consacrées au culte grec furent
saccagées, les tombeaux des empereurs violés. Quand
on ouvrit la tombe de Justinien, le grand empereur lé-
gislateur apparut encore tout entier dans son cercueil.
Pendant plusieurs jours, ce fut parmi les croisés une
sorte de fête barbare. Ils se revêtaient par ironie de
robes peintes, vêtement ordinaire des Grecs ; ils mettaient les coiffures de toile, portées par ceux-ci, sur la
tête de leurs chevaux ; quelques-uns tenaient dans leurs
mains du papier et de l'encre pour railler ce peuple
de scribes et de copistes. Ils passaient des jours entiers
à table, les uns savourant des mets délicats, les autres
ne mangeant, suivant la coutume de leur pays, que du
bœuf bouilli et du lard salé, de l'ail, de la farine, des
fèves et une sauce très forte.

On se partagea ensuite l'empire. Chacun eut une
part proportionnée à sa puissance. Douze électeurs,
désignés par les vainqueurs, dont six nobles Vénitiens,
et six ecclésiastiques latins, les évêques de Soissons,
de Troyes, de Bethléem, de Ptolémaïs, d'Halberstadt
et l'abbé de Lucelane, reçurent mission de nommer un
empereur. Ils choisirent Baudouin, comte de Flandre,

Fig. 35. — Coupe centrale de l'église de Sainte-Sophie, à Constantinople.

descendant de Charlemagne par les femmes. Il fut appuyé par les Vénitiens, à l'exclusion du marquis de Montferrat, leur voisin en Italie, dont ils ne voulaient pas augmenter la puissance. Ce choix, proclamé à minuit par l'évêque de Soissons devant le palais de Bucoléon, fut acclamé par la foule des croisés, même par les Grecs. Baudouin, placé sur un bouclier, fut porté en triomphe dans l'église de Sainte-Sophie.

Dans un autre conseil, composé de douze chevaliers français et de douze patriciens de Venise, on procéda ensuite au partage des terres. Les terres situées au delà du Bosphore, avec l'île de Candie, échurent au marquis de Montferrat, mais il les échangea contre les provinces de Thessalonique et de Macédoine avec le titre de roi, et vendit Candie aux Vénitiens pour 30 livres pesant d'or. Ville-Hardouin devint son maréchal. Les Vénitiens eurent la plus grosse part : les îles de l'archipel, les villes maritimes, et trois des huit quartiers de Constantinople, où ils devinrent les maîtres du marché commercial. Le duché de Démoticée fut donné au comte de Saint-Pol, celui de Nicée au comte de Blois.

Quelque temps après, d'autres barons pénétrèrent dans la Grèce et la Morée. Othon de La Roche, seigneur français, conquit en 1207 l'Achaïe et l'Attique. Deux principautés chrétiennes furent fondées dans l'ancien Péloponèse par deux autres Français, Guillaume de Champlitte et Geoffroy de Ville-Hardouin, neveu du maréchal de Champagne.

Ce nouvel empire des Francs devait durer à Constantinople cinquante-sept ans (1204-1261), et dans quelques parties de la Grèce deux cent cinquante ans ; celui des Vénitiens dans le Péloponèse et les îles se prolongea jusqu'au seizième siècle.

La langue française, qui s'était déjà implantée en Angleterre et en Sicile par les conquêtes des Normands, en Palestine et en Syrie par les trois premières croisades, fut désormais répandue dans toute la Grèce et les provinces de l'ancien empire d'Orient. En 1300, le chroniqueur Muntaner affirmait qu'on parlait aussi bien français dans la principauté de Morée et le duché d'Athènes qu'à Paris.

De son côté, la langue grecque, depuis longtemps oubliée en Europe, commença à être étudiée en Occident. Philippe-Auguste fonda à Paris, près de la montagne Sainte-Geneviève, un collège destiné à recevoir les jeunes Grecs des familles les plus distinguées de Constantinople.

La principauté d'Achaïe et le duché d'Athènes, qui ne devaient disparaître qu'en 1456, offrirent un singulier mélange de mœurs féodales et de souvenirs de l'antiquité. Le génie de Gœthe, frappé de l'idée poétique que fait naître ce rapprochement, s'en est inspiré dans la seconde partie de son *Faust*, dans les scènes de la rencontre de Faust et d'Hélène, dans le château féodal imaginaire placé par le poète sur le Taygète, là même où Guillaume de Ville-Hardouin éleva réellement les tours gigantesques de Misthra.

CHAPITRE VI.

Cinquième et sixième Croisades : Jean de Brienne.
Siège de Damiette. — Thibaut de Champagne. — Bataille de Gaza.

1218 — 1238.

De toutes les croisades, la cinquième, qui eut pour
chefs Jean de Brienne, roi de Jérusalem, et André II,
roi de Hongrie, et la sixième, conduite par Frédéric II,
empereur d'Allemagne, furent celles auxquelles la
France eut le moins de part : c'est pourquoi nous en
parlerons sommairement.

Amaury de Lusignan, roi titulaire de Jérusalem par
son mariage avec Isabelle d'Anjou, était mort à Ptolémaïs en 1205. Sa femme, restée veuve de quatre maris et de trois rois, avait laissé la couronne à une fille
qu'elle avait eue de Conrad de Montferrat. Celle-ci
épousa un seigneur français, de la cour de Philippe-
Auguste, Jean de Brienne, frère de ce Gauthier de
Brienne que nous avons vu conquérir l'Italie méridionale (1210). Mais il trouva la Palestine dans l'état le
plus précaire, et fit appel à l'Europe chrétienne pour
une nouvelle croisade.

Elle fut précédée, en 1212, par une entreprise
extraordinaire : la croisade des enfants. Cinquante
mille enfants et jeunes gens, en France et en Alle-

magne, se réunirent et se dirigèrent, ceux-ci vers les ports d'Italie, ceux-là vers Marseille. Ils croyaient, la sécheresse de cette année étant très grande, qu'ils pourraient traverser la Méditerranée à pied sec. Beaucoup périrent de chaleur, de soif et de faim. Ceux qui s'embarquèrent et parvinrent en Palestine furent vendus aux musulmans, ou bien, disent les chroniques, reçurent la palme du martyre.

D'autres, reconnaissant trop tard leur erreur, reprirent la route de leur pays ; et ces croisés, qu'on avait vus s'avancer par troupes nombreuses en répétant des chants propres à les animer, revinrent isolément, dépouillés de tout, marchant les pieds nus, éprouvant les angoisses de la faim, et tournés en dérision par la population des villes et des campagnes.

Parmi ces enfants, ceux qui eurent le sort le plus horrible furent des Français, objets de l'infâme cupidité de deux négociants de Marseille, Hugues Ferréus et Guillaume Porcus. Ces deux scélérats, qui avaient déjà vendu de jeunes garçons aux Sarrasins, saisirent cette occasion de se livrer en grand à leur odieux commerce. Ils offrirent aux petits pèlerins de les transporter en Orient, sans aucune rétribution, en se donnant l'apparence de protecteurs généreux. L'offre fut acceptée avec empressement, et les vaisseaux chargés de ces jeunes croisés voguèrent vers la Terre sainte. Une tempête engloutit deux de ces navires, avec tout ce qu'ils portaient, en face de l'île Saint-Pierre. Les cinq autres parvinrent à Bugi et à Alexandrie, et ces malheureux enfants furent tous vendus aux Sarrasins ou à des marchands d'esclaves. Quant à Ferréus et à Porcus, ils auraient vécu impunis, si plus tard ils n'eussent été accusés d'un complot contre l'empereur Frédéric II, et condamnés à une mort ignominieuse.

Prêchée en France par Jacques de Vitry, plus tard évêque de Saint-Jean d'Acre, et par le cardinal Robert de Courçon; décrétée en 1215 par le concile de Latran; aidée par les subsides de Philippe-Auguste, qui abandonna à cet effet le quarantième de ses revenus domaniaux; sur le point d'être conduite par Innocent III lui-même, que la mort seule arrêta dans ce dessein (juillet 1216), la nouvelle croisade n'eut lieu qu'en 1217. Elle eut pour chef André II, roi de Hongrie. Ce prince, parti de Spalatro, sur des navires de Venise, de Zara et d'Ancône, fit relâche en Chypre, où le roi Lusignan se joignit à lui, et atteignit sans encombre Ptolémaïs. La bataille sans résultat du Mont-Thabor; le long siège (18 mois) et la prise de Damiette; l'insuccès d'une attaque sur le Caire, à la suite de laquelle l'armée des croisés, entourée par les musulmans, n'échappa à une ruine complète qu'en rendant Damiette, tels furent les événements de cette expédition. Elle laissa les chrétiens de la Palestine dans le même état précaire où elle les avait trouvés.

Pendant le siège de Damiette, un nombreux renfort de croisés français était arrivé aux assiégeants. On y comptait les comtes de Nevers et de la Marche, et de puissants seigneurs, comme Milès de Bar-sur-Seine, Jean d'Artois, Ponce de Crancey, Ithier de Tucy, Savary de Mauléon, l'archevêque de Bordeaux et les évêques d'Angers, d'Autun, de Beauvais, de Paris, de Meaux, de Noyon. C'est par eux seulement que le nom de la France apparaît dans cette croisade, à laquelle fit défaut la foi ardente qui avait animé les premiers pèlerins. Le siège de Damiette ne fut pas cependant sans gloire, et Jean de Brienne, roi de Jérusalem, qui commanda les croisés, après le départ du roi de Hongrie, s'y illustra grandement. Mais le temps héroïque de ces grandes expéditions était passé, il ne devait revenir qu'avec saint Louis.

Fig. 36. — Monnaie du calife el Melek-el-Kamel.
Commencement du XIIIᵉ siècle.

Une nouvelle croisade en 1228, par l'empereur Frédéric II, ne fut guère qu'une parodie. Excommunié par le pape Grégoire IX, pour son alliance avec les Sarrasins de Sicile, Frédéric II, gendre de Jean de Brienne, partit avec une escorte de 600 chevaliers seulement, et scandalisa plutôt la Palestine qu'il ne la secourut. Cependant, grâce à une trêve qu'il conclut avec le sultan Malek-el-Kamel, il entra triomphalement à Jérusalem. Ce fut au milieu de la consternation des chrétiens. Considéré comme un ennemi de Dieu, il dut se rendre furtivement au Saint-Sépulcre, dont les prêtres s'étaient enfuis à son approche.

Pendant que la Palestine était plus que jamais menacée par les musulmans, l'empire latin d'Orient, sur

Fig. 37. — Le pape Grégoire IX (1227-1241); d'après une peinture à fresque.

le trône duquel venait de monter Jean de Brienne, que ses exploits avaient fait élire par les barons à la mort de Robert de Courtenay (1230), était attaqué par les Bulgares. En 1235, Grégoire IX prêcha une nouvelle croisade (la sixième). Thibaut de Champagne et Pierre de Dreux prirent la croix ; mais les apprêts durèrent quatre ans. Quand, en 1239, Baudouin de Courtenay, successeur de Jean de Brienne, qui était venu en France implorer les secours de la chrétienté, se mit en marche avec les croisés, l'ardeur était déjà refroidie. L'empire latin d'Orient était d'ailleurs dans une situation si malheureuse, que ce secours ne fit que retarder sa chute définitive.

Quant aux croisés qui, se dirigeant vers la Syrie, s'étaient embarqués à Marseille, sous la conduite de Thibaut de Champagne, et parmi lesquels on distinguait les ducs de Bretagne et de Bourgogne, les comtes de Bar, de Vendôme et de Montfort, ils trouvèrent, à leur arrivée à Ptolémaïs (1240), la Terre sainte dans un tel état d'anarchie, que nul secours ne pouvait plus être efficace. Leur arrivée ne fit même qu'augmenter le désordre et, après quelques efforts infructueux et un échec à Gaza, ils repartirent, au moment où Richard, prince de Cornouailles, frère d'Henri III, roi d'Angleterre, arrivait avec les croisés de ce pays (1241).

Tout ce que le prince anglais put obtenir des musulmans fut une trêve de douze ans. Elle laissait aux chrétiens la possession de la moitié de la Judée, mais sans sécurité, sans aucun boulevard qui pût les défendre contre la première attaque des infidèles.

Aucune croisade ne s'éloigna plus que celle-ci des sentiments d'enthousiasme religieux et chevaleresque qui avaient inspiré les premières. Une ambition désordonnée, une activité inquiète, l'impuissance de faire la guerre dans leur propre pays, poussaient en Orient ces nouveaux croisés. Leur chef, Thibaut de Champagne, roi de Navarre et trouvère célèbre, montre sous les drapeaux de Jésus-Christ, dit l'historien Michaud, l'inconstance et la légèreté qu'on avait remarquées jusque-là dans sa conduite et dans ses sentiments. Aussi ne vit-on plus dans une guerre qu'il conduisait les hauts faits d'armes et les grands coups de lance des anciens preux. La Palestine, après avoir retenti si longtemps du signal des plus héroïques combats, n'entendit plus que les chansons et les complaintes des troubadours. Son plus heureux résultat fut, pour la France, d'éloigner du roi Philippe-Auguste des vassaux turbulents, et de permettre à ce prince d'affermir son pouvoir et de fortifier l'unité du royaume.

CHAPITRE VII.

Septième Croisade : saint Louis. — Les croisés en Égypte.
Damiette. — Mansourah.

1248 — 1250.

A la fin de l'été de l'année 1244, Jérusalem était tombée entre les mains d'une horde de barbares, plus farouches et plus cruels que les Turcs.

C'étaient les Kharizmiens, peuple nomade du Khorassan, qui, fuyant devant la grande invasion des Mongols et le terrible Gengis-Khan, vainqueur de leur sultan, avaient envahi la Syrie. Ils avaient été poussés aussi par le sultan d'Égypte, alors en guerre avec celui de Damas. Ainsi, pendant que les Mongols, se détournant vers la Caspienne, se préparaient à envahir bientôt la Russie et la Pologne, et à s'avancer jusqu'à Liegnitz (1241), les Kharizmiens, refoulés par eux, et leur servant pour ainsi dire d'avant-coureurs en Asie Mineure, pénétraient en Palestine et entraient dans Jérusalem comme dans une ville ouverte et sans défense, car les chrétiens, à qui les sultans de Damas, de Carac et d'Émèse venaient de la rendre pour s'en faire des alliés contre les envahisseurs, n'avaient pas encore eu le temps de la fortifier (1244).

Désespérant d'opposer à l'ennemi une résistance efficace, toute la population valide s'était enfuie vers les villes maritimes, sous la protection des chevaliers du Temple et de l'Hôpital. Les Kharizmiens, qui les voyaient s'éloigner, eurent recours à un stratagème odieux pour les rappeler dans la ville sainte. Par leurs soins, les cloches furent mises en branle dans toutes les églises, des drapeaux ornés de la croix flottèrent sur toutes les tours. Les malheureux fugitifs, croyant à un miracle qui aurait anéanti leurs ennemis, se hâtèrent de rebrousser chemin vers Jérusalem ; 7,000 chrétiens rentrèrent ainsi dans la ville, mais ce fut pour tomber sous le fer des Kharizmiens, qui s'étaient mis en embuscade aux environs et qui gardaient tous les défilés des montagnes voisines. Une troupe de religieuses, d'enfants et de vieillards, qui s'étaient réfugiés dans l'église du Saint-Sépulcre, fut massacrée au pied des autels. Rien ne fut respecté par les barbares. Les tombeaux de Jésus-Christ, de Godefroi de Bouillon, les reliques des martyrs furent profanés.

Le danger commun unit alors les armées musulmanes aux croisés. Malek-Mansor, sultan d'Émèse, vint à Ptolémaïs joindre son armée à celle que Gauthier de Brienne, comte de Joppé, neveu de l'ancien roi de Jérusalem, avait formée dans cette ville avec tout ce qui pouvait porter les armes parmi les chrétiens de Palestine. Ainsi unies, les deux armées livrèrent bataille aux Kharizmiens, dans cette même plaine de Gaza, témoin de la défaite de Thibaut de Champagne et du duc de Bourgogne (17 octobre 1244). La lutte dura deux jours. Gauthier et l'évêque de Ramla, firent des prodiges de valeur. Ils auraient sans doute été vainqueurs, si l'on eût suivi le conseil du premier, qui avait voulu attaquer l'ennemi au moment où il se formait en bataille et montrait quelque désordre dans ses rangs.

Fig. 38. — Chevalier de l'ordre Teutonique.

La retraite du sultan d'Émèse, qui avait perdu 2,000 cavaliers, devint fatale, le second jour, aux chrétiens, ses alliés ; 30,000 chrétiens ou musulmans périrent dans cette journée, ou furent faits prisonniers. Il ne revint à Ptolémaïs que 33 chevaliers du Temple, 26 Hospitaliers et 3 chevaliers Teutoniques.

Gauthier de Brienne, fait prisonnier, et, traîné devant les murailles de Joppé, au lieu d'engager les habitants à se rendre, comme l'espéraient les Kharizmiens, les engagea à tenir bon. « Votre devoir, leur cria-t-il, est de défendre une ville chrétienne ; le mien est de mourir pour vous et pour Jésus-Christ ». La ville ne fut pas prise, mais Gauthier, conduit au Caire, fut mis en pièces par la populace, furieuse de sa noble conduite. Le sultan d'Égypte prît possession de Jérusalem, de Tibériade. Quant aux Kharizmiens, après avoir ravagé les rives du Jourdain et pris Damas, ils furent détruits devant cette ville par les Égyptiens, et se dispersèrent.

Le roi de France, Louis IX, que la postérité devait connaître sous le nom de saint Louis, était atteint d'une maladie qui faillit être mortelle (décembre 1244), lorsque ces douloureuses nouvelles parvinrent en Europe. Malgré sa faiblesse, il prit aussitôt la croix. « Il advint alors, raconte Joinville, qu'une grande maladie prit le roi à Paris, dont il fut à telle extrémité, que l'une des dames qui le gardaient lui voulait tirer le drap sur le visage, disant qu'il était mort. Une autre dame, qui était de l'autre côté du lit, ne le souffrit pas ; mais elle disait qu'il avait encore l'âme au corps. Et comme il venait d'ouïr le débat de ces deux dames, Notre-Seigneur opéra en lui et lui envoya la santé ; car avant il était muet et ne pouvait parler. Sitôt qu'il fut en état de parler, il requit qu'on lui donnât la croix, et ainsi fut-il fait. La reine, sa mère, entendant dire que la parole lui était revenue, en montra aussi grande joie qu'elle put ; mais quand elle sut qu'il s'était croisé, ainsi que lui-même d'ailleurs le disait, elle montra aussi grand deuil que si elle l'eût vu mort ».

L'on n'était plus, en effet, à cette époque où il sem-

Fig. 39. — Louis IX ; d'après une miniature du XIVe siècle.

blait aux chrétiens que Dieu lui-même les mènerait de victoire en victoire à la conquête du Saint-Sépulcre, et aplanirait devant eux les obstacles. La politique, en se mêlant aux croisades, avait fort diminué la foi en ces entreprises. L'insuccès de plusieurs avait aussi refroidi beaucoup l'enthousiasme. Les troubles dont le royaume avait été agité, les guerres que Louis IX avait dû soutenir contre les seigneurs du nord, puis contre ceux du midi et contre le roi d'Angleterre, Henri III, leur allié, effrayaient avec juste raison la prudente Blanche de Castille sur les suites que pourrait avoir l'absence du roi. Elle-même, étant régente, avait triomphé de la ligue des barons et de leur chef Enguerrand de Coucy, aidée en cela par les Parisiens, « avec lesquels, dit Pasquier, les rois de France ont perpétuellement uni leur fortune » (1227). Devenu majeur, son fils les avait de nouveau battus ainsi que les Anglais, leurs alliés, à Taillebourg (1242). Mais cette œuvre de soumission et de pacification était encore trop récente pour être bien solide, et les dangers que ferait courir au roi et à la royauté une nouvelle croisade devaient naturellement frapper la mère de Louis IX et ses conseillers.

Le roi n'en persista pas moins dans son dessein. Il renouvela son vœu, quand la santé lui fut complètement revenue. Il appela sa mère, l'évêque de Paris, et leur dit : « Puisque vous croyez que je n'étais pas parfaitement en possession de moi-même lorsque j'ai prononcé mes vœux, voilà ma croix que j'arrache de mes épaules, je vous la rends... Mais à présent, continua-t-il, vous ne pouvez nier que je ne sois dans la pleine jouissance de mes facultés; rendez-moi ma croix, car Celui qui sait toutes choses sait aussi qu'aucun aliment n'entrera dans ma bouche jusqu'à ce que j'aie été marqué de nouveau de son signe. — C'est le doigt de Dieu, s'écrièrent

toùs les assistants ; nous ne nous opposons plus à sa volonté. » Le roi avait alors vingt-neuf ans.

Avec lui se croisèrent, dans un parlement tenu à

Fig. 40. — Le pape Innocent IV, élu en 1243 ; d'après une peinture
à fresque.

Paris, le 16 octobre 1245, ses trois frères, Robert,
comte d'Artois, Alphonse, comte de Poitiers, et Charles,
comte d'Anjou, plus tard roi de Sicile ; Pierre Mauclerc, duc de Bretagne ; Hugues, duc de Bourgogne ;

les comtes de la Marche, de Flandre, de Saint-Pol et son neveu; les archevêques de Reims, de Tours, de Sens et de Bourges.

Le vrai prédicateur de cette nouvelle croisade fut saint Louis lui-même. C'est le nom que lui donne Joinville. A la prédication le roi joignit même parfois quelques pieuses supercheries, comme celle, par exemple, dont il usa aux fêtes de Noël. A cette époque, le roi avait l'habitude de distribuer chaque année de nouveaux vêtements aux gentilshommes de sa cour. C'étaient les étrennes royales. Cette année, Louis IX, après avoir fait coudre secrètement des croix sur ces vêtements, invita sa cour à une messe qui devait être dite, avant l'aurore, à la Sainte-Chapelle, qu'il venait de faire bâtir. Les nobles hommes, en entrant au Palais, revêtirent les habits qui leur furent offerts, puis se rendirent à la Sainte-Chapelle avec le roi. Quand les premiers rayons du jour se glissèrent à travers les vitraux peints, chacun vit avec étonnement le signe de la croix sur l'épaule de son voisin. « Ne voulant pas déposer ces croix, raconte Joinville, ce qui n'eût été ni décent ni honorable, ils rirent jusqu'aux larmes, disant que le seigneur Roi allait à la chasse aux pèlerins, et qu'il avait trouvé une nouvelle manière d'enlever les hommes. »

Les préparatifs de la croisade durèrent près de trois ans. Ils furent surtout entravés par le pape Innocent IV, successeur de Grégoire IX, qui, au concile de Lyon, avait déposé l'empereur Frédéric II (17 juillet 1245), et aurait voulu employer les nouveaux croisés à réduire ce souverain. Louis IX, dont la piété ne céda jamais sur les droits de la souveraineté royale, vis-à-vis du pouvoir spirituel, garda la neutralité dans les demêlés de la papauté et de l'empire.

Pour rendre la paix à la chrétienté et l'unir tout entière contre les Tartares et les infidèles, Louis IX, dans une entrevue qu'il eut avec le pape dans l'abbaye de Cluny, à la Pâques de 1246, chercha même, mais inutilement, à réconcilier le souverain pontife avec Frédéric II, qui l'avait chargé de ses pleins pouvoirs.

Louis IX avait longuement médité sur les moyens les plus efficaces d'assurer pour l'avenir la sécurité de la Terre sainte. Il était arrivé à cette résolution d'attaquer les musulmans en Égypte, comme dans le centre de leur puissance. Ce n'était pas une simple guerre, une expédition que saint Louis projetait, mais la fondation d'une grande colonie franque en Égypte. C'était d'ailleurs, depuis la sixième Croisade, l'opinion répandue dans la chrétienté que, pour conquérir et posséder la Terre sainte, il fallait avoir l'Égypte pour point d'appui. Les nouveaux croisés, devant par conséquent prendre la route de mer, Louis avait voulu avoir un port à lui sur la Méditerranée. Il avait fait creuser celui d'Aigues-Mortes, et formé le projet d'entourer la ville de puissantes murailles; elles furent seulement construites sous son successeur, et font encore aujourd'hui l'admiration des visiteurs. Indépendamment des amas d'armes, de machines, qu'il avait ordonnés, le roi fit embarquer une grande quantité d'instruments de labourage et d'outils de toute espèce.

Enfin, tous ces préparatifs étant achevés, le roi assembla à Paris tous les barons de France, et leur fit jurer de garder fidélité à ses enfants, s'il lui arrivait malheur dans son entreprise. Le vendredi d'après la Pentecôte, 12 juin 1248, il alla prendre l'oriflamme, à Saint-Denis. Il repassa ensuite par Paris, où il fut accompagné jusqu'à l'abbaye Saint-Antoine par une longue procession de clercs, de moines et de peuple. Sa mère, à laquelle il laissait la régence du royaume et qui ne devait plus le revoir, l'accompagna jusqu'à Cluny. Le roi gagna ensuite Aigues-Mortes, par Lyon, où il eut une nouvelle entrevue avec le pape, et par Avignon.

L'armée des croisés, d'après une mesure fort sage, ne devait pas être transportée en masse et sur une seule flotte, d'Aigues-Mortes aux bouches du Nil. Le rendez-vous général était seulement assigné dans l'île de Chypre où, depuis deux ans, de grands approvisionnements étaient accumulés. Le 28 août, Louis IX avec sa suite particulière, et quelques grands barons, s'embarqua sur 38 gros navires, qu'accompagnèrent des bâtiments de transport.

Le 21 septembre, on aborda en Chypre. Le roi, Henri de Lusignan, conduisit les croisés dans sa capitale de Nicosie, et décida saint Louis à passer l'hiver dans cette île. Bien que ce long séjour ait été employé par le roi à des œuvres utiles, telles que la réconciliation des Templiers et des Hospitaliers, du prince d'Antioche et du roi d'Arménie, des Grecs de Chypre avec le pape, il fut fatal cependant aux croisés, par le relâchement que les plaisirs et l'abondance amenèrent dans la discipline.

C'est en parlant de cette abondance que Joinville s'é-
crie : « Vous eussiez dit que ces celliers, vus de loin,
étaient de grandes maisons de tonneaux de vin empilés
les uns sur les autres, et les greniers de froment, d'orge

Fig. 41. — Départ de saint Louis pour la croisade; miniature du XIVᵉ s.

et d'autres blés qui étaient aux champs, il semblait,
quand on les apercevait de loin, que ce fussent des montagnes. » La maladie se mit parmi les croisés, et enleva
les comtes de Dreux, de Vendôme, le brave Robert des
Barres, le dernier des Archambaud de Bourbon, dont
le titre allait bientôt être porté par Robert, sixième fils

de saint Louis, tige de la maison royale de ce nom. L'évêque de Beauvais fut aussi une victime de cette épidémie.

Parmi les ambassades nombreuses que saint Louis reçut en Chypre, il faut citer l'impératrice de Constantinople, Marie de Brienne, venue pour implorer le roi en faveur de la défense de l'empire d'Orient ; elle était si pauvre qu'elle n'avait qu'une robe. Un lieutenant du Khakan des Mongols vint aussi offrir au roi de s'unir à son maître contre les musulmans de Damas et de Bagdad.

Ce ne fut qu'au bout de huit mois d'hivernage en Chypre que, le 13 mai 1249, les croisés mirent enfin à la voile pour l'Égypte. La mer était couverte de voiles : 120 gros vaisseaux et 15 ou 1,600 autres plus petits, portaient plus de 2,800 chevaliers, avec un nombre proportionné de sergents d'armes, d'archers, d'arbalétriers et de piétons.

En quatre jours de navigation, on arriva en vue de Damiette, mais non sans qu'une tempête eût séparé une partie de la flotte, et rejeté vers Ptolémaïs un assez grand nombre de vaisseaux. Cet accident fut compensé par l'arrivée d'un renfort, que conduisait le prince d'Achaïe, Guillaume de Ville-Hardouin. Sans cette tempête, il est probable que le débarquement eût eu lieu à Alexandrie, comme plus tard celui de Bonaparte ; mais les vents ayant poussé la flotte vers l'est, le 3 au soir, les croisés se trouvèrent en face de Damiette.

Sur l'avis du roi, l'attaque eut lieu dès le lendemain,

Fig. 42. — Débarquement des croisés à Damiette; d'après une gravure sur bois du XVIᵉ siècle.

à la pointe du jour. Bien que sur la rive, les meilleures troupes du sultan du Caire, les mameluks, fussent rangés en bataille, conduits par leur chef l'émir Fakr-Eddin, les croisés, le roi en tête, se jetèrent à l'eau tout armés pour courir à l'ennemi. « Saint Louis, dans l'eau jusqu'aux épaules, s'en alla ainsi aux païens l'écu au col, le heaume en tête et le glaive au poing. » Les croisés, se formant aussitôt en lignes de fantassins, protégés par leurs boucliers fichés en terre et par leurs longues lances, opposèrent à la cavalerie égyptienne une muraille d'airain que celle-ci ne put entamer. Les infidèles prirent la fuite. Le 5, les galères égyptiennes livraient par leur retraite l'entrée du Nil aux galères franques, et dans la nuit les habitants de Damiette, n'espérant pas pouvoir se défendre, abandonnèrent leur ville, où les croisés pénétrèrent sans obstacle.

Le lendemain, après avoir fait chanter un *Te Deum* pour ce succès presque miraculeux, le roi de France, le roi de Chypre, le légat du pape et le patriarche de Jérusalem firent leur entrée dans cette ville de Damiette, qui autrefois avait arrêté dix-huit mois devant ses murs Jean de Brienne.

En se portant aussitôt en avant, les croisés auraient pu arriver à Mansourah et au Caire sans être arrêtés par la crue du Nil, qui commence le 21 juin seulement ; mais le pillage de Damiette d'abord, le désir d'être rejoints par les vaisseaux que la tempête avait poussés vers Ptolémaïs, leur firent perdre un temps précieux. Les eaux s'étant mises alors à croître, ils attendirent que la crue fût passée. Le 20 novembre seulement, ils commencèrent à se diriger vers le Caire, qu'ils appelaient Babylone. Pendant ce temps-là, les mameluks de l'émir Fakhr-Eddin s'étaient reformés à Mansourah, où le sultan lui-même s'était transporté. Ils avaient repris courage et harcelaient chaque jour les Français.

L'armée croisée, renforcée d'un dernier ban amené par le comte de Poitiers, mit dix jours à atteindre Mansourah, qui n'est séparée de Damiette que par dix lieues seulement (20 novembre). Ils suivaient la rive droite du Nil, et avaient été obligés de traverser plusieurs canaux sur des levées de terre, dont la construction leur avait coûté beaucoup de temps.

Séparés de la ville de Mansourah par le canal d'Achmoun qui en protégeait les murailles, les croisés furent dans la nécessité d'entreprendre un siège régulier, pendant lequel ils eurent beaucoup à souffrir de l'ennemi. Les Sarrasins lançaient sur leurs machines du feu grégeois ou du bitume enflammé, et allumaient des incendies, qui détruisaient en un jour l'ouvrage de plusieurs. Ce feu, emprunté aux Grecs ou *Grégeois*, selon le langage d'alors, produisait des effets d'autant plus terribles que l'eau ne pouvait l'éteindre. « Le feu grégeois, dit Joinville, faisait un tel bruit à venir, qu'on eût dit que ce fût foudre qui tombât du ciel : aussi gros qu'un petit tonneau, et traînant après lui une longue queue de flamme, il semblait un grand dragon volant par l'air, et jetait si grande clarté la nuit, qu'il faisait aussi clair dedans l'armée qu'en plein jour. » La terreur que le feu grégeois inspirait aux croisés, même aux plus intrépides, était grande. « Toutes les fois, raconte le même historien, que le bon roi entendait le bruit de ce feu, il se jetait à terre et tendait les mains, le visage levé au ciel, et disait en pleurant à grandes larmes : « Beau sire Dieu Jésus-Christ, gardez-moi et toute ma gent (mon armée) ! »

Le siège traînait ainsi en longueur, lorsqu'un Bédouin ayant fait connaître un endroit guéable dans le canal d'Achmoun, l'on résolut d'attaquer l'ennemi dès le lendemain (8 février 1250).

Fig. 43. — Arabes lançant le feu grégeois, d'après un ancien manuscrit.

Pendant que le duc de Bourgogne, le roi de Chypre et les barons de Palestine étaient laissés sur la rive droite à la garde du camp, le reste de l'armée s'ébranla : elle était divisée en trois corps, l'avant-garde avec les Templiers sous leur grand maître, le second corps sous Robert, comte d'Artois, et le troisième sous le roi de France. Les deux premiers corps avaient déjà passé heureusement le canal, et, selon les ordres formels de saint Louis, devaient se former en bataille pour protéger le passage du reste de l'armée, lorsque le comte d'Artois, emporté par son ardeur, et raillant les Templiers de leur prudence, se jeta à la poursuite des infidèles, qui se retiraient vers leur camp. Il entraîna ainsi le grand maître et ses chevaliers. D'abord la pointe audacieuse du comte d'Artois fut couronnée de succès. Il pénétra dans le camp, où Fakhr-Eddin, surpris au bain et essayant de rallier les siens, est enveloppé et tombe percé de coups. Les musulmans, terrifiés par cette attaque soudaine, se réfugient dans la ville, où Robert entre avec eux. Telle est l'aveugle ardeur de sa poursuite, qu'il traverse ainsi toute la ville, et ne s'arrête que dans la campagne qui regarde vers le Caire. Là devait finir son heureuse fortune. Derrière Robert et ses chevaliers, les musulmans, ramenés au combat par Bibars-Bendocdar, le nouveau chef des mamelucks, ont fermé la porte de la ville, et accumulé les obstacles dans la grande rue, que les Français viennent de parcourir comme un ouragan. Robert franchit de nouveau la porte, et se voit assailli du haut des maisons par une grêle de traits, de pierres et de poutres.

Pendant ce temps, le gros de l'armée franchissait le canal, mais les premiers bataillons, conduits par les comtes de Poitiers et de Flandre, commirent aussi la faute de se trop disperser dans la plaine, et ils furent bientôt séparés par des masses d'ennemis. Ils y auraient sans doute péri, si saint Louis ne fût enfin arrivé avec la réserve. La bravoure du roi fut admirable, et c'est en le voyant combattre si héroïquement que les croisés,

Fig. 44. — Grand maître de l'ordre du Temple.

assaillis de toutes parts par les musulmans, qui cherchaient à les entourer et à les séparer de leur camp,

reprirent courage et reformèrent leurs rangs. Louis portait sur la tête un casque doré; il tenait dans sa main une épée d'Allemagne, ses armes étaient resplendissantes. Sa fière contenance animait d'une nouvelle ardeur tous ses guerriers. « Je vous promets, dit Joinville, que jamais je ne vis plus bel homme armé. » Voyant les dangers que couraient Robert d'Artois et le comte de Poitiers, le roi se précipite au milieu des ennemis. Son courage l'entraîne si loin, que ses écuyers ont peine à le suivre : à la fin, resté seul dans la mêlée, il est environné de six cavaliers musulmans, qui croyaient déjà l'emmener prisonnier; Louis parvient à se dégager, et met ses adversaires en fuite.

Tout cet héroïsme n'avait pu sauver Robert d'Artois et ceux qui, avec lui, étaient comme enfermés dans Mansourah. Pendant cinq heures, de dix heures du matin jusqu'à trois heures du soir, ils luttèrent, mais en vain, contre des flots d'infidèles toujours renaissants. Le comte d'Artois, que son armure fleurdelisée faisait prendre pour le roi, périt dans une maison où il s'était retranché; Raoul de Coucy expira au milieu des siens, étendus à terre. Le grand maître du Temple, Guillaume de Sonac, échappa presque seul, avec un œil crevé. 300 chevaliers et 290 Templiers périrent ainsi dans Mansourah, victimes de la folle témérité du comte d'Artois.

Le soir, les croisés couchèrent sur le champ de bataille, dans le camp abandonné des infidèles, mais affaiblis, et pleurant un grand nombre de leurs plus illustres chevaliers.

Le lendemain, le combat recommença. Les croisés, assaillis tout à la fois par les mamelucks de Bibars et par une nuée de Bédouins qui cherchaient à les couper du canal, résistaient avec peine. Beaucoup avaient perdu leurs chevaux et se battaient sans heaume et sans haubert, « ne les pouvant supporter à cause des plaies et contusions qu'ils avaient reçues dans la journée précédente ». Le comte d'Anjou, frère du roi,

Fig. 45. — Robert, comte d'Artois, frère de saint Louis.

aurait péri si ce prince ne se fût porté personnellement à son secours, et ne l'eût sauvé au péril de sa vie. Le roi « endura là et porta maints coups ». Son cheval eut la crinière brûlée par le feu grégeois. Un autre frère de saint Louis, le comte de Poitiers, était déjà entraîné captif par l'ennemi, lorsque des bouchers et des goujats de l'armée, tombant à grands cris sur son escorte, parvinrent à le délivrer. Cependant les croisés réussirent à se maintenir dans leurs positions, et les

infidèles durent, le soir, battre en retraite. Louis, au
milieu de toute l'armée, rendit grâce à Dieu de l'assis-
tance qu'il avait reçue : « C'était en effet, dit Michelet,
un miracle d'avoir pu défendre, avec des gens à pied
et presque tous blessés, un camp attaqué par une redoutable cavalerie. »

Mais alors les croisés, qui persistaient à ne pas se
replier sur Damiette, furent attaqués par un double
fléau : la disette et une maladie contagieuse, née de
l'encombrement et de la puanteur des cadavres ou

Fig. 46. — Heaume de Charles, comte d'Anjou, frère de saint Louis.

d'une nourriture mauvaise et insuffisante, qu'ils ne se
procuraient encore qu'à grand'peine.

Pendant deux mois (6 février-5 avril), que les croisés demeurèrent ainsi dans cette plaine de Mansourah,
leur armée offrit le spectacle le plus lamentable. Le
tableau qu'en a tracé Michelet est d'une vérité terrible : « Cette armée, campant sur les vases de l'Égypte,
nourrie principalement des barbeaux du Nil, qui man-
geaient tant de cadavres, avait contracté d'étranges et
hideuses maladies. Les soldats voyaient leur chair se

gonfler, pourrir autour de leurs gencives, et pour qu'ils avalassent on était obligé de la leur couper. » Les morts faisaient horreur, et le roi dut donner l'exemple en les

Fig. 47. — Saint Louis malade au moment de la retraite ; miniature du xive siècle.

enterrant de ses propres mains. Lui-même tomba malade ; il ne voulut jamais consentir à se séparer de son armée. Nous avons le témoignage de cette magnanimité du roi dans les historiens arabes eux-mêmes, dont l'un dit : « Le roi de France eût pu échapper aux mains des Égyptiens, soit à cheval, soit dans un bateau, mais ce prince généreux ne voulut jamais abandonner ses troupes. »

Dans la nuit du 5 avril, les croisés se mirent en retraite. Les galères que l'on possédait encore devaient transporter les malades à Damiette : pendant qu'on les y embarquait, les Sarrasins, franchissant le pont de bateaux que l'on n'avait pas rompu, malgré les ordres du roi, tombèrent sur ces pauvres gens, et en firent un grand carnage. Ceux qui étaient parvenus à s'embarquer ne furent pas plus heureux, et périrent en grande partie, assaillis le lendemain matin par les galères mahométanes, qui plus bas barraient le fleuve.

Les gens valides suivaient la rive du fleuve. A l'arrière-garde, commandée par le brave Gaucher de Châtillon, se trouvait le roi, monté sur un petit palefroi et si faible qu'il ne pouvait supporter que le poids d'une robe de soie. Geoffroy de Sargines, se tenant à côté de lui, chassait les ennemis à grands coups d'épée. Guy du Châtel, évêque de Soissons, désespérant d'arriver à Damiette, se précipita au plus épais des ennemis et y trouva une mort glorieuse. Les Sarrasins lançaient une telle quantité de feu grégeois « qu'il semblait que toutes les étoiles du ciel tombaient ».

On arriva ainsi avec beaucoup de difficultés à un village que l'on conjecture être Baramoun, à quatre lieues de Mansourah. Le roi était si mal, qu'il ne put aller plus loin. On le descendit de cheval, et on fut

obligé de le coucher dans une maison, la tête sur les
genoux d'une bourgeoise de Paris, qui se trouvait parmi

Fig. 48. — Saint Louis et ses deux frères, Alphonse, comte de Poitiers, et
Charles, comte d'Anjou, faits prisonniers par les Sarrasins ; d'après une
gravure sur bois du XVIᵉ siècle.

les croisés. « Tout le monde croyait le voir passer le pas
de la mort, et l'on n'espérait plus qu'il pût passer ce
jour-là sans mourir. »

Cependant les infidèles avaient pénétré dans le village à la suite des croisés. Pour sauver le roi, Gaucher de Châtillon, monté sur un haut destrier, se plaça à l'entrée de la rue qui conduisait à la maison où gisait son souverain. Alors commença entre lui et l'armée sarrasine une lutte gigantesque, dans laquelle il devait périr, mais de la mort la plus glorieuse qui fut jamais. « On le voyait, dit Michaud, tantôt fondre comme un éclair sur les infidèles, les dissiper, les abattre ; tantôt se retirer pour arracher de sa cuirasse et même de son corps les flèches et les dards dont il était hérissé. Il retournait alors au combat, et, se dressant de temps en temps sur ses étriers, il criait de toute sa force : *A Châtillon,* chevaliers, *à Châtillon !* où sont mes prud'hommes ? Accablé enfin par le nombre, il tomba pour ne plus se relever. Un musulman, montrant l'épée qu'il venait d'arracher de sa main mourante, se vantait d'avoir tué le plus brave des chrétiens. »

Les cinq cents chevaliers qui étaient dans le village, et qui en avançant rejoignaient déjà ceux qui l'avaient dépassé, inspiraient cependant encore assez de crainte aux musulmans pour qu'un des émirs crût prudent de commencer à traiter d'une trêve avec Philippe de Montfort. Mais une panique, qui se mit à ce moment parmi les serviteurs du roi, les fit se précipiter aux pieds des Sarrasins. « On ne traite plus avec des vaincus, » dit aussitôt l'émir, et il rompit la négociation.

Le roi dut alors se rendre à merci. Sans respect pour sa personne, sans pitié pour son état, un autre émir, Djemal-Eddin, lui fit mettre les fers aux pieds et aux mains (6 avril). Le lendemain, saint Louis fut ramené à Mansourah avec ses deux frères. Ne voulant pas s'embarrasser de captifs, les musulmans massacrèrent ce jour-là tous ceux qu'ils ne jugeaient pas assez riches pour payer une grosse rançon ou qui se refusèrent à embrasser le mahométisme.

Le sultan Touran-Chah conclut alors avec le roi

Fig. 49. — Meurtre du calife d'Égypte ; d'après un manuscrit
du XIII° siècle.

un traité par lequel celui-ci devait être rendu à la liberté avec tous ses chevaliers moyennant la restitution de Damiette et une rançon d'un million de besants, équivalant à 500,000 livres parisis. Touché enfin de la magnanimité du roi, le prince égyptien fit remise de 200,000 besants.

Les barons et le roi, dont la santé était à peu près rétablie, furent alors conduits, sur quatre galères, à

Farikshour, à quatre lieues de Damiette, afin de mettre à exécution le traité (1ᵉʳ mai). Mais un complot militaire avait été ourdi par le chef des mamelucks, Bibars, et Touran, le dernier sultan de la dynastie kourde des Ayoubites, fut assassiné par eux. Cet événement faillit être également funeste aux prisonniers chrétiens, que les conspirateurs vinrent menacer sur les vaisseaux où ils étaient enfermés. Le 6 mai, Geoffroy de Sargines, après avoir fait embarquer, sur les navires pisans, la reine Marguerite, qui peu de jours auparavant avait donné naissance à un fils qu'on nomma Jean-Tristan, les comtesses d'Anjou et de Poitiers, ses belles-sœurs, les autres dames et la garnison, ouvrit les portes de Damiette aux musulmans.

Suivant le traité, le roi et les barons auraient dû être mis en liberté au moment même de la reddition de la ville. Les émirs, peu soucieux de leur serment, donnèrent cependant l'ordre aux galères de remonter vers le Caire. La crainte de perdre l'énorme rançon promise les arrêta seule dans leurs mauvais desseins. Les galères furent rappelées et, dans la soirée du 6 mai, le roi et ses compagnons passèrent enfin des galères musulmanes sur les galères chrétiennes. Le comte de Poitiers resta seul en otage jusqu'au paiement complet de la rançon. Il fallut deux jours pour la parfaire, avec l'argent de l'ordre du Temple, et pour la compter.

Le 8 mai 1250, le roi et ce qui restait de chevaliers croisés quittèrent enfin cette terre d'Égypte qui leur avait été si fatale, comme déjà à Jean de Brienne. La flotte qui les portait était divisée en deux escadres:

l'une, la plus considérable, sous la direction du duc de Bretagne et du comte de Soissons, reprit la route de France ; l'autre, qui portait le roi et ses frères, fit voile pour Ptolémaïs.

Dans la bataille de Mansourah et les combats qui suivirent, les chrétiens avaient perdu plus de 30,000 hommes, tués par l'ennemi en combattant, noyés, ou massacrés. Parmi les morts illustres, il faut compter les comtes d'Artois et de Salisbury, Hugues, comte de Flandre, Hugues le Brun, comte de la Marche, le comte de Pitivy, Gaucher de Châtillon, Robert de Vair, Raoul de Lassy. L'ex-duc de Bretagne, Pierre Mauclerc, ne revit pas non plus la France : il mourut dans le trajet ; ses dépouilles mortelles furent transportées à l'abbaye de Villeneuve, près de Nantes.

Le 14 mai, saint Louis débarqua à Ptolémaïs. Des 2,800 chevaliers qui l'accompagnaient naguère, il n'en avait plus que 100 auprès de lui. Ils étaient presque nus. Joinville, pour paraître à la table du roi, fut réduit à se faire un vêtement avec les lambeaux d'une couverture. Le roi seul était encore assez bien vêtu ; mais ces vêtements il les devait au sultan, qui les lui avait envoyés avant son départ d'Égypte.

Si désastreuse qu'eût été la septième Croisade, jamais cependant les Français n'avaient inspiré autant de respect à leurs ennemis ; jamais le nom de Francs n'avait été plus glorieux parmi les peuples de l'Orient. Cela tenait à l'admirable conduite de saint Louis, qui, après avoir frappé d'admiration les infidèles par son courage à Mansourah, les avait étonnés par sa résigna-

tion presque surhumaine, par sa fermeté et sa mansué-
tude pendant sa captivité. Tels étaient les sentiments
que le roi de France inspirait aux musulmans, qu'au
dire de Joinville, les émirs d'Égypte furent sur le point
de lui offrir de régner sur eux à la mort du sultan du
Caire. C'est là sans doute une légende que l'exacte histoire doit repousser; elle prouve du moins quelle
était la renommée du roi de France parmi les infidèles pour qu'elle ait pu prendre naissance et trouver
crédit auprès des contemporains.

CHAPITRE VIII.

Sans argent, sans soldats, saint Louis semblait n'avoir qu'un parti à prendre, celui de revenir au plus tôt dans son royaume, d'où sa mère, la reine Blanche, lui écrivait pour presser son retour. Mais il ne pouvait supporter la pensée de laisser encore 12,000 chrétiens dans la servitude d'Égypte, et la Terre sainte exposée à une invasion des Mamelucks. Ceux-ci, non contents de garder leurs malheureux captifs, malgré le paiement de la rançon, parlaient de se porter sur Jérusalem. La population de Ptolémaïs suppliait le roi de rester pour la défendre, et les barons de Palestine, les ordres militaires se joignaient à elle pour le retenir.

Cependant le roi ne voulut pas se décider sans avoir tenu un conseil de tous ses chevaliers. Guy de Malvoisin, les deux frères du roi, se prononcèrent énergiquement pour le retour en France. Le comte de Joppé, Joinville, le sire de Chastenay et Guillaume de Beaumont furent les seuls qui élevèrent la voix pour que le roi restât encore en Palestine. Saint Louis ne voulut pas prendre immédiatement de décision, et ajourna le conseil à huitaine. Dans cette seconde assemblée, il déclara que sa ferme volonté était de demeurer en Palestine pour sauver ce qui restait de chrétiens, et profiter, s'il le pouvait, des divisions qui venaient d'éclater parmi les musulmans à la suite de la mort du sultan du Caire. En même temps, il laissa chacun libre de retourner en Occident, se contentant de dire que quant à ceux qui resteraient sous les drapeaux de la croisade, il partagerait toujours avec eux la bonne et la mauvaise fortune.

Les malheurs du roi, sa captivité, son héroïque résolution de rester en Terre sainte avaient eu un grand retentissement en France. Si les politiques, si la régente regrettaient la résolution prise par Louis, le peuple pleurait sur lui, l'admirait comme un héros en le vénérant déjà comme un saint, et s'irritait de ce que l'on ne volait pas à son secours. « Dieu était offensé, disait-il, du luxe des prélats et de l'orgueil des chevaliers ; c'était aux petits à délivrer la Terre sainte. »

Ce mouvement d'opinion donna naissance à la croisade des Pastoureaux.

Un homme, qu'on appelait *le Maître de Hongrie*, parcourut alors les campagnes, appelant les serfs, les pastoureaux, les pauvres à la croisade. C'était un vieil homme, à grande barbe, au visage maigre et pâle. Il parlait le latin, le français, l'allemand, et, dans sa main toujours fermée, il tenait une cédule qui contenait, disait-il, les instructions de la vierge Marie. A sa parole sauvagement éloquente, les campagnes se levaient sur son passage et se mettaient à le suivre. Quand, après avoir parcouru la Flandre et la Picardie, le *Maître* arriva à Amiens, il avait avec lui plus de 30,000 compagnons. Il en eut bientôt plus de 100,000.

La reine Blanche les prit d'abord sous sa protection. Ils traversèrent ainsi Paris, Orléans (11 juin 1251), se dirigeant vers le midi, armés d'épées, de haches à deux tranchants, d'épieux, de dagues et de couteaux. Mais avec leur nombre s'accrut aussi leur esprit de révolte et de destruction. A Orléans, une rixe s'éleva entre les clercs et ces singuliers croisés. A Bourges, ils pillèrent les maisons; les habitants tombèrent alors sur eux. Le *Maître de Hongrie,* qu'on disait être un moine défroqué de Cîteaux, atteint à deux lieues de la ville, entre Mortemer et Villeneuve-sur-Cher, fut tué avec plusieurs de ses compagnons. On jeta son cadavre aux chiens, et les Pastoureaux se dispersèrent. Une autre bande, qui se dirigeait vers Bordeaux, fut également mise en fuite.

Si le peuple avait ainsi témoigné de son vif désir de secourir le roi, les barons de France étaient moins zélés. La résolution de saint Louis de rester en Palestine les avait mécontentés. Ils craignaient quelque entreprise d'Henri III, roi d'Angleterre, sur la Normandie, et déclarèrent, dans une assemblée présidée par la régente, qu'ils s'opposeraient par la force à toute cession de cette province au souverain anglais. Aussi, malgré les appels du roi, aucune nouvelle prise d'armes n'eut lieu en France. On y fut moins avare d'argent. Les églises se dépouillèrent en faveur du roi de leurs ornements précieux. Un vaisseau, ainsi chargé d'argent, périt sur les côtes de Syrie.

De tous les seigneurs français, deux seulement, le comte d'Eu et le vicomte de Turenne, allèrent rejoindre le roi. A côté d'eux, il faut signaler quelques seigneurs norvégiens conduits par Aléman de Selingen et un chevalier de Toucy, qui avait été régent de l'empire latin de Constantinople. La Grèce, l'île de Chypre, la Palestine même ne fournirent guère à Louis que des aventuriers.

Le saint roi n'en poursuivit pas moins l'œuvre de défenseur de la Terre sainte qu'il avait entreprise. Si le petit nombre des chevaliers qui l'entouraient, — 700 à peine, — ne lui permettait pas de prendre l'offensive contre les mahométans, il travailla du moins activement à mettre les chrétiens à l'abri d'une attaque de la part des infidèles. Il consacra beaucoup d'argent à relever les fortifications des villes. Ptolémaïs, Césarée, Joppé, Caïphas furent pourvues de nouvelles défenses, de fortes murailles ; celles de la seule ville de Joppé ne coûtèrent pas moins d'un million et demi de notre monnaie. Ces dépenses prodigieuses frappaient fortement l'esprit des infidèles, qui disaient de saint Louis que « c'était assurément le plus puissant monarque du monde ». Le Vieux de la Montagne, ce prince des *Assassins*, qui dominait sur tout le revers occidental du mont Liban, et dont la puissance occulte faisait trembler les souverains musulmans, envoya une ambassade au roi de France, avec de riches présents, et lui demanda son amitié.

Il en fut un instant de même des sultans du Caire
et de Damas, qui, ennemis l'un de l'autre, se disputèrent
l'alliance du monarque français. Celui du Caire conclut
même un traité, en vertu duquel il renvoya tous les
captifs chrétiens restés en Égypte, parmi lesquels se
trouvaient 200 chevaliers, les enfants des chrétiens
élevés dans la foi musulmane, et les têtes des martyrs de la croix qui avaient été exposées sur les murailles du Caire. Le chef des Mamelucks devait même

Fig. 50. — Bannière de Raymond V, vicomte de Turenne;
d'après un sceau.

se rendre à Gaza pour conclure une trêve, et traiter de
la cession de Jérusalem; mais une armée, envoyée de
ce côté par le sultan de Damas, empêcha cette confé-
rence. Peut-être Louis aurait-il pu traiter alors avec
le sultan de Damas; ses scrupules, ou d'autres raisons
mal connues, empêchèrent ces négociations. Pendant
ce temps-là, sous les auspices du sultan de Bagdad,
un rapprochement s'opérait entre ceux du Caire et
de Damas, et replaçait les chrétiens dans la situation
la plus périlleuse.

La guerre recommença, en 1252, entre les Latins et les musulmans. Une armée venue de Damas s'avança jusqu'à Ptolémaïs, et ne s'en éloigna que parce qu'elle manquait de vivres. Saint Louis s'occupait de faire réparer les fortifications de Sidon, lorsqu'une bande de Turcomans nomades s'en approcha à l'improviste et en massacra presque tous les habitants. A cette nouvelle, les croisés allèrent attaquer ces barbares dans la ville de Panéas, près des sources du Jourdain, où ils s'étaient retirés. Les Français s'étaient déjà emparés de la ville, lorsqu'une sortie imprudente des chevaliers Teutoniques faillit causer la perte de la petite armée ; il fallut toute la bravoure du sire de Joinville et d'Olivier de Thermes pour rétablir le combat et mettre en déroute les Turcomans.

Saint Louis était à Sidon, pressant les travaux qu'on y exécutait, lorsqu'il y apprit la mort de sa mère, la reine Blanche, décédée à Paris le 10 décembre 1252, après quelques jours de maladie seulement.

La douleur du roi fut immense. Il assista désormais chaque jour à un service funèbre célébré à l'intention de sa mère, et envoya une grande quantité de joyaux et de pierres précieuses pour être distribués aux églises de France. Cet événement décida le roi à quitter la Terre sainte. Après avoir organisé pour la défense des chrétiens de ce pays un corps de cent chevaliers, sous la conduite du brave sire de Sargines, le 25 avril 1254, il s'embarqua, à Ptolémaïs, avec la reine et ce qui restait des guerriers de la croisade, sur quatorze vaisseaux. Ce départ offrit un spectacle des plus touchants. Le roi

marchait à pied, suivi du légat et du patriarche de Jérusalem. C'est au milieu d'une foule en larmes qu'il
arriva ainsi au port. Sur la côte de Chypre, le vaisseau

Fig. 51. — Le Vieux de la Montagne donnant des ordres à ses sectaires;
d'après un manuscrit du XVᵉ siècle.

du roi toucha un écueil et faillit périr; dans les para-
ges de la Sicile, une tempête terrible assaillit la flotte,
qui courut les plus grands dangers.

Après une traversée de dix semaines, le roi arriva

enfin au port d'Hyères, en Provence, et, passant par Nîmes, Narbonne, les Cévennes, l'Auvergne, arriva à Vincennes, le 5 septembre 1254. Il y avait plus de six ans que durait son absence.

Le 7, il fit son entrée solennelle à Paris. Mais combien changé ! « Il portait sur son visage, dit Matthieu Paris, l'empreinte d'un profond chagrin ; il ne riait jamais ; l'aspect de la patrie, les hommages et les salutations de ses sujets, ne l'engageaient point à relever ses yeux, toujours baissés, ni à interrompre ses soupirs. »

CHAPITRE IX.

Huitième Croisade : Tunis. — Mort de saint Louis.

1267 — 1270.

L'ardeur pour les croisades était bien complètement
éteinte dans la chrétienté, pour qui elles avaient été
l'objet de tant de sacrifices inutiles. La poésie, qui les
avait d'abord chantées, leur adressait maintenant ses
invectives. « Dieu a donc juré, dit un troubadour du
temps, chevalier du Temple, de ne laisser vivre aucun
chrétien, et de faire une mosquée de Sainte-Marie de
Jérusalem ? Et puisque son fils, qui devrait l'empêcher,
le trouve bon, il y aurait de la folie à s'y opposer. Dieu
dort, tandis que Mahomet fait éclater son pouvoir. Je
voudrais qu'il ne fût plus question des croisades contre les Sarrasins, puisque Dieu les protège contre les
chrétiens. »

L'on voit combien les esprits du treizième siècle
étaient différents de ceux du douzième dans leur juge-
ment de ces expéditions. C'était presque le scepticisme
qui avait remplacé la foi. Partout ailleurs qu'en France,
les chrétiens du reste se déchiraient entre eux : c'était
l'époque des luttes d'Henri III contre les seigneurs

anglais, des Guelfes contre les Gibelins, de la papauté contre les derniers Hohenstauffen, qui armaient contre elle les Sarrasins de Sicile.

Seul, saint Louis conservait encore un ardent amour pour les Lieux saints, une profonde pitié pour les malheurs des chrétiens d'Orient, dont, pendant quatre ans, il avait été le père plus encore que le roi. Aussi les nouvelles calamités qui vinrent fondre sur la Palestine et sur l'empire latin de Constantinople ne le trouvèrent-elles pas insensible. Depuis son retour, la croix rouge n'avait pas quitté son épaule, et il se considérait toujours comme le soldat de Dieu.

C'était l'heure des suprêmes infortunes pour la Terre sainte. Une nouvelle invasion de Tartares Mongols eut lieu sous la conduite d'Houlagou, petit-fils de Genghis. Ce conquérant cruel s'empara, en 1258, de la grande cité de Bagdad, qui fut noyée dans le sang, et mit fin au califat de Bagdad, dont le dernier sultan de la race des Abassides, Mostazem, fut mis à mort. Cette conquête profita surtout aux sultans du Caire, qui, après avoir défait le lieutenant d'Houlagou (1260), se trouvèrent les seuls maîtres en Syrie, et tournèrent toutes leurs forces contre les chrétiens.

L'avènement de Bibars au califat, à la suite de l'assassinat de Koutouz, fut le signal d'une attaque générale contre les Latins. Ceux-ci étaient d'autant moins préparés à se défendre, que les divisions intestines régnaient parmi eux. Les démêlés des Génois et des Vénitiens pour la possession de l'église de Saint-Sabbas, à Ptolémaïs, avaient dégénéré en une véritable guerre, et

les flottes des deux partis s'étaient livré des combats
dans les rades d'Acre et de Tyr. Les anciennes rivalités entre les Templiers et les Hospitaliers s'étaient
aussi rallumées, et les deux ordres s'étaient réciproquement ruinés et décimés (1259).

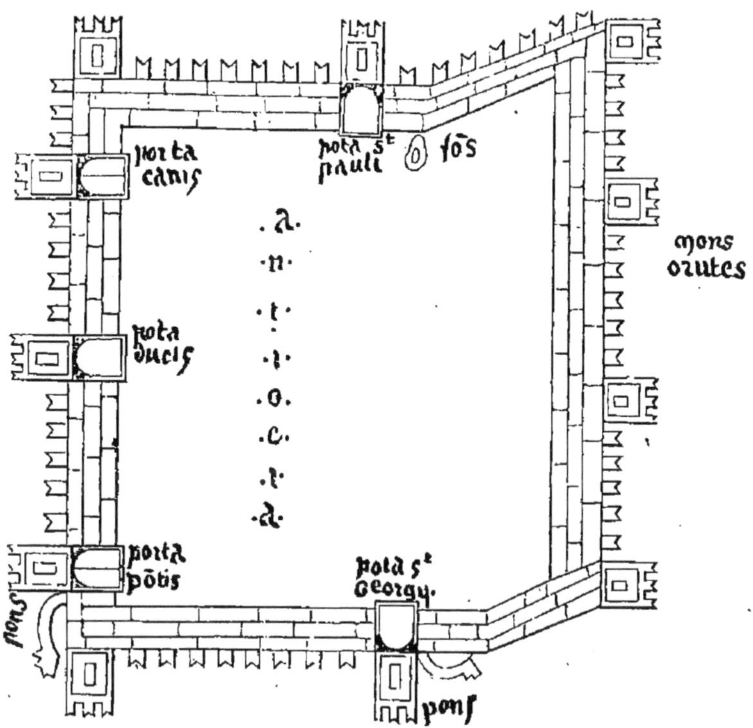

Fig. 52. — Plan d'Antioche au XIIIe siècle; d'après un manuscrit
de l'époque.

Telle était la déplorable situation de la Palestine
lorsque Bibars entreprit la conquête des places fortifiées par Louis; elle exigea six campagnes consécutives. En 1263, Bibars enleva les châteaux de Krak et
de Montréal; en 1266, Césarée et les châteaux de Caï-

phas et d'Arsaf ; en 1266, il emporta Sephed ; en 1268, Jaffa. Pour les musulmans, que l'esprit de Mahomet semblait remplir de nouveau, cette guerre était devenue la guerre sainte. Bibars établit dans ses États une dîme destinés aux dépenses de ces entreprises, et qui prit le nom d'*impôt* ou *droit de Dieu*. Après avoir pris Jaffa, le sultan du Caire marcha sur Antioche, dont le prince était alors à Tripoli, et qui tomba facilement en son pouvoir (29 mai 1268); 17,000 habitants furent massacrés, et plus de 120,000 réduits en esclavage.

« Il n'y avait pas d'esclave qui n'eût un esclave, » dit un historien arabe. Toutes les villes prises par Bibars étaient démantelées ; femmes et enfants étaient obligés de travailler à cette destruction. Saint-Jean d'Acre, qui avait repoussé deux sièges, fut le seul asile laissé aux chrétiens.

Sur les rives du Bosphore, c'étaient d'autres malheurs. Constantinople était tombée au pouvoir des Paléologues de Nicée. Profitant d'une expédition entreprise par Baudouin, l'empereur latin, contre Daphnusie, le général de Michel Paléologue pénétra dans la ville par une ouverture secrète, que les Grecs de l'intérieur de la cité lui indiquèrent (25 juillet 1261). L'empereur et ses chevaliers réussirent avec peine à s'enfuir sur des galères.

Ainsi tomba l'empire latin de Constantinople, après cinquante-cinq ans d'existence. Baudouin et son fils, Philippe de Courtenay, allèrent mourir obscurément en Italie. Quant aux principautés franques de Morée et d'Achaïe, et au royaume de Chypre, ils devaient encore subsister quelque temps.

Eudes, comte de Nevers, et le fils du duc de Bour-

Fig. 53. — Le pape Clément IV, élu en 1265 ; d'après une peinture à fresque.

gogne, avaient seuls, dans toute la chrétienté, conduit quelques chevaliers français au secours de la Palestine, si cruellement traitée par Bibars ; secours inefficaces, et qui n'avaient sauvé que l'honneur de l'Occident.

Le saint roi de France allait faire plus.

Dès 1265, il avait résolu d'entreprendre une nouvelle croisade, qu'il conduirait lui-même. Il s'en ouvrit au pape, Gui Fulcodi, un Français de Provence qui venait de ceindre la tiare sous le nom de Clément IV, et qui avait été autrefois son conseiller. Le pontife essaya de l'en détourner; le roi fut inébranlable. Dans un parlement tenu à Paris, au Louvre, le 25 mai 1267, Louis, tenant à la main la couronne d'épines, adjura les assistants de se croiser avec lui.

Dans la même assemblée, prirent la croix, ses trois fils, Philippe, Jean et Pierre; son frère, Alphonse de Poitiers, comte de Toulouse; son gendre, le roi de Navarre, comte de Champagne; son neveu, Robert, comte d'Artois, fils de celui tombé à Mansourah; les comtes de Bretagne, de Flandre, de Saint-Pol, de la Marche, de Soissons; l'archevêque de Rouen, Alphonse de Brienne, les seigneurs de Montmorency, de Pienne, de Nemours. Mais le sentiment qui animait les nouveaux croisés était celui de l'obéissance, de l'admiration, du dévouement pour le saint roi; ce n'était plus l'enthousiasme d'autrefois. Quelques seigneurs refusèrent obstinément de prendre la croix; parmi ceux-ci, on trouve Joinville, ce vieil ami du roi. « Tandis que j'étais outre-mer au service de Dieu, répondit-il à ceux qui le sollicitaient, les gens et officiers du roi ont si fort grevé et foulé mes sujets, qu'ils en sont encore appauvris; si je me mets de nouveau en pèlerinage, ce sera pour eux le coup de la destruction. »

D'accord avec le pape, qui avait fini par entrer

Fig. 51. — Bannière de Saint-Denis, ou oriflamme, à différentes époques.

dans les vues de saint Louis, la croisade fut prêchée en Angleterre, en Écosse, et même en Aragon et en Portugal, dont les deux rois se croisèrent, mais sans accomplir leur vœu. Toutefois, ce fut encore la France presque seule qui fournit hommes et argent. Comme les barons n'en pouvaient ou n'en voulaient pas faire les frais, le roi s'engagea à leur payer une solde proportionnelle à leur rang et au nombre de chevaliers qui les accompagneraient. Le transport par mer devait aussi être à sa charge. Il prêta 70,000 livres tournois au prince Édouard d'Angleterre, qui avait pris la croix. Pour subvenir à ces dépenses énormes, il établit un impôt par tête sur tous ses sujets (*capitation*), et leva une dîme, d'accord avec Clément IV, sur le clergé pendant quatre ans.

Trois années furent consacrées aux préparatifs. Un traité fut conclu avec les Génois pour le transport des croisés. Venise avait refusé ses vaisseaux, par crainte des représailles des musulmans contre ses possessions grecques. Le frère du roi, Charles d'Anjou, devenu alors roi de Sicile, promit sa coopération, que la situation de ses nouveaux États italiens, sur la route de l'Orient, devait rendre fort utile.

Après avoir fait son testament, et confié l'administration du royaume à Matthieu de Vendôme, abbé de Saint-Denis, et à Simon, sire de Nesle, le roi alla prendre l'oriflamme à l'abbaye de Saint-Denis (14 mars 1270). Le jour suivant, pieds nus, portant la panetière et le bourdon, il se rendit à l'église de Notre-Dame de Paris, où fut célébrée une messe pour la croisade. Le soir, il coucha pour la dernière fois à Vincennes, et le lendemain (16 mars), il prit congé de la reine Marguerite, qu'il ne devait plus revoir.

Il avait cinquante-cinq ans, et était d'une santé si ruinée, qu'il paraissait impossible qu'il ne mourût pas dans cette expédition. « Le bon seigneur, dit Joinville, était si faible et si débile de sa personne, qu'il ne pouvait souffrir nul *harnois* (armure complète) sur lui, ni endurer d'être longuement à cheval ; telle était sa débilité qu'une fois, à Paris, il me fallut le porter de l'hôtel du comte d'Auxerre jusqu'aux Cordeliers. »

Le retard des vaisseaux génois, la lenteur des croisés à se rendre au rendez-vous fixé à Aigues-Mortes, différèrent jusqu'au 4 juillet le départ de la flotte des croisés.

Après avoir essuyé une violente tempête, la plus grosse partie de la flotte arriva, le 8, en Sardaigne, dans le port de Cagliari. Bien que fort mal reçus par les habitants, sujets de Pise et ennemis des Génois, les croisés y séjournèrent huit jours afin de permettre aux autres navires, dispersés par les vents, de rejoindre la flotte. C'est pendant ce séjour, que, dans un conseil tenu par le roi et les chefs de l'armée, fut prise la funeste résolution de débarquer sur la côte d'Afrique la plus voisine, et d'attaquer Tunis. C'était, dès le début, détourner la croisade de son but essentiel : le salut de la Terre sainte. Mais, indépendamment de l'intérêt que Charles d'Anjou avait à conquérir une province, où les derniers Hohenstauffen, ses adversaires, avaient recruté leurs auxiliaires sarrasins, et de

Fig. 55. — Saint Louis débarque à Carthage ; d'après une gravure du XVIᵉ siècle.

l’espérance que nourrissaient les Génois de piller une ville réputée fort riche, saint Louis se berçait de l’illusion de convertir au christianisme le prince mahométan de Tunis, et de rendre ainsi l’Afrique, cette terre autrefois féconde en grands évêques, à la religion chrétienne. L’on croyait alors que les sultans du Caire tiraient leurs principales forces de ces régions.

La flotte quitta la rade de Cagliari le 15 juillet ; le

Fig. 56. — Gaultier de Nemours ; d’après un sceau.

17, elle arriva en vue de Carthage. Le roi aurait voulu que l’on s’adressât d’abord pacifiquement au soudan de Tunis, Muley-Mostança ; mais les Génois, poussés par leur avidité, s’emparèrent aussitôt des vaisseaux maures qui étaient dans le port. Toute négociation se trouva ainsi arrêtée.

Cependant, à la vue de la flotte, les Sarrasins s’étaient enfuis dans Tunis. Florent de Varennes, commandant de la flotte, voulait que, profitant de cette terreur, les

croisés débarquassent aussitôt et emportassent la ville
d'assaut. On ne suivit pas cet avis. Le débarquement
n'eut lieu que le lendemain, dans une île voisine du
port, séparée de la terre ferme par un canal guéable.
Ce ne fut que le troisième jour de ce débarquement
que l'on s'empara de Carthage, c'est-à-dire du château
qui portait ce nom, et dont la garnison musulmane
fut égorgée. Saint Louis, dans une lettre qu'il adressa
le 25 juillet à l'abbé de Saint-Denis, raconte ainsi ce
début de l'expédition :

« Nous sommes arrivés à la vue de Tunis le jeudi
d'avant la fête de sainte Marie-Madeleine; le vendredi,
nous avons pris terre sans aucun obstacle. Après avoir
débarqué nos chevaux, nous nous sommes avancés
jusqu'à l'ancienne ville qu'on nomme Carthage, et
nous avons dressé notre camp... Nous jouissons, grâce
à Dieu, d'une santé parfaite. Nous vous annonçons
qu'après avoir pourvu à tout ce qui était nécessaire,
nous avons, avec le secours de Dieu, emporté d'assaut
la ville de Carthage, où plusieurs Sarrasins ont été
passés au fil de l'épée. »

L'excellent état sanitaire de l'armée, dont se loue le
roi, ne devait pas durer longtemps. L'on était à l'époque des plus grandes chaleurs : le manque d'eau, la
mauvaise nourriture, la puanteur des cadavres que l'on
n'avait pas enlevés des ruines de Carthage, une pous-
sière brûlante que soulevaient le vent et les escadrons
maures, tournoyant sans cesse autour du camp des
croisés, amenèrent bientôt de terribles maladies dans
l'armée. Celle-ci restait immobile, attendant l'arrivée

de Charles d'Anjou pour commencer l'attaque contre
Tunis. En peu de jours, un grand nombre de chevaliers
succombèrent : les comtes de Vendôme, de la Marche,

Fig. 57. — Mort de saint Louis ; miniature du XIVe siècle.

de Viane ; Gaultier de Nemours, maréchal de France ;
les seigneurs de Montmorency, de Pienne, de Brissac,
de Saint-Brisson, d'Aspremont, Raoul de Soissons,
et le plus jeune fils du roi, ce Tristan, duc de Nevers,

né à Damiette pendant la captivité de son père.

Quant à Louis, il fut atteint de la dysenterie et obligé de prendre le lit. Sentant sa fin prochaine, il appela près de lui ses deux fils, Philippe et Pierre, comte d'Alençon, dont le premier était l'héritier de la couronne, et leur donna les plus sages et les plus touchants conseils. « Aie le cœur doux et piteux aux pauvres, dit-il à Philippe; garde-toi de trop grande convoitise, et ne mets pas de trop grandes impositions sur ton peuple. » Le 25 août, il se fit coucher sur un lit de cendres et expira au milieu des princes et des princesses de sa famille, dont la tente royale était remplie. La nuit qui avait précédé sa mort, il s'était écrié : *Jérusalem! Jérusalem!* et avait ajouté : *Nous irons à Jérusalem.*

Le jour même, Charles d'Anjou abordait à Carthage, avec les croisés siciliens. Il ne put que s'agenouiller près de la dépouille mortelle de son frère. Il prit le commandement de l'armée, et l'on attaqua vigoureusement les Maures, qui furent vaincus dans plusieurs combats livrés autour du lac de la Goulette.

Le sultan de Tunis, qui s'était, après la mort du roi, montré très insolent, s'adoucit et envoya alors aux croisés des ambassadeurs pour traiter de la paix. Un grand nombre de barons étaient opposés à l'idée de paix, les uns par intérêt pour la chrétienté, les autres par l'espoir de s'enrichir dans le pillage d'une ville riche. Le parti de la paix l'emporta; il fut appuyé par le roi de Sicile et par le nouveau roi de France, qui sentaient le besoin de rentrer dans leurs

États. Le 29 octobre, une trêve de quinze ans fut conclue. Le sultan s'engageait à payer aux chrétiens 210,000 onces d'or (environ 10 millions 500,000 fr.), dont moitié comptant ; à acquitter le tribut auquel ses prédécesseurs avaient été soumis envers les rois de Sicile ; enfin à tolérer la prédication et l'exercice de la religion chrétienne dans ses États.

Alors chacun ne songea plus qu'à quitter au plus

Fig. 58. — Philippe III, fils aîné de saint Louis ; d'après un sceau.

vite cette terre d'Afrique qui avait été si fatale. Bien que le roi de Sicile et le connétable de France eussent tenu à rester à terre les derniers, l'embarquement se fit avec désordre, du 15 au 17 novembre. Les croisés n'étaient pas au bout de leurs malheurs.

La flotte, qui faisait voile vers Trapani, en Sicile, fut assaillie par une épouvantable tempête, où périrent, dit-on, 18 grands vaisseaux, ainsi que 4,000 croisés, et une partie de la rançon payée par le roi de

Tunis ; les chevaliers qui échappèrent au naufrage perdirent presque tous leurs armes et leurs chevaux. Dans les conseils qui furent tenus en Sicile, Charles d'Anjou proposa aux croisés de partager l'armée en deux corps, dont l'un irait en Palestine avec le comte de Poitiers et le prince Édouard d'Angleterre, et l'autre avec lui irait en Épire et de là vers Byzance, pour y rétablir l'empire latin, sur lequel ce prince prétendait quelques droits par le mariage de sa fille avec le fils de Baudouin, l'empereur détrôné. Mais Philippe III s'opposa à ce dessein, en alléguant les plaintes de ses sujets qui déploraient son absence et le suppliaient de revenir en France. Le prince Édouard d'Angleterre, suivi par le comte de Bretagne, son frère Edmond, et 300 chevaliers, persista seul à se rendre en Palestine. Il y aborda avec 13 vaisseaux. Il parvint à sauver les villes qui restaient encore aux chrétiens, à reprendre Nazareth, et à imposer au farouche Bibars une trêve de dix ans (1271).

Le roi Philippe s'était mis en route pour la France au mois de janvier. A Trapani même, il perdit son beau-frère, le roi de Navarre, Thibaut de Champagne, « le plus puissant de l'*host* (armée) après le roi de France ». La reine de Navarre, Isabelle de France, fille de saint Louis, ne devait guère survivre à son époux ; elle mourut à Hyères, à son arrivée en France. Le comte et la comtesse de Poitiers, malades, ne purent quitter la Sicile en même temps que le roi de France. Celui-ci, après avoir traversé le détroit de Messine, se mit en marche par la Calabre. Mais là un nouveau malheur l'attendait : sa femme, Isabelle d'Aragon, fit une chute de cheval en passant un fleuve à gué, près de Cosenza se blessa gravement, et mourut peu après (28 janvier 1271), ainsi que l'enfant qu'elle portait dans son sein. Le cortège royal, qui s'avançait vers Rome, semblait un cortège funèbre ; il traînait à sa suite cinq cercueils : ceux du roi Louis, du roi de Navarre, du comte de Nevers, de la reine Isabelle et du petit enfant royal. Ainsi s'achemina cette lugubre procession par Rome ; Viterbe, où se tenait le conclave ; la Toscane, la Lombardie, le mont Cenis, Lyon et la Bourgogne. Le roi Philippe III arriva à Paris le 21 mai. Pendant ce long et lugubre voyage, il avait appris la mort de son oncle, Alphonse, comte de Poitiers, et de la comtesse de Poitiers, Jeanne, descendante et héritière des comtes de Toulouse ; tous deux s'étaient éteints en Toscane.

Ainsi se termina la huitième Croisade, qui devait être la dernière. Ce funèbre spectacle du jeune roi de France, rentrant dans ses États, suivi des cercueils de presque tous les siens, était comme un résumé saisissant de cette longue histoire des Croisades qui avaient coûté tant de sang à la chrétienté.

Ces tristes restes avaient, le jour de l'arrivée du roi, été déposés à Notre-Dame, où un premier service funèbre eut lieu pour le feu roi et « pour les autres qui étaient trépassés en route ». Le lendemain, il en fut célébré un autre plus solennel dans cette même abbaye de Saint-Denis, où saint Louis s'était rendu avant son départ pour la croisade. Le roi voulut lui-même porter

le corps de son père jusqu'à Saint-Denis. « Le lendemain matin, dit le chroniqueur Philippe de Nangis,
le roi Philippe chargea son père sur ses épaules, aidé
par ses premiers barons, et se mit en chemin tout à
pied pour aller droit à Saint-Denis : avec lui allèrent
grand planté (une grande quantité) de nobles de
France, tout le peuple de Paris avec les ordres religieux,
qui sortirent en longue procession, priant pour l'âme
du bon roi qui tant les aimait; archevêques, évêques
et abbés étaient là, mitre en tête et crosse au poing. »

CHAPITRE X.

L'ère des Croisades était close avec saint Louis. Cependant, la chevalerie française conduisit encore quelques expéditions à la défense des chrétiens d'Orient ; ce ne furent pas à proprement parler des croisades, mais seulement des épisodes de l'histoire militaire des siècles qui suivirent ce grand et admirable treizième siècle, où se résumèrent toutes les vertus et toutes les gloires du moyen âge. Les Croisades avaient eu leur prologue dans les pèlerinages; elles eurent leur épilogue dans ces expéditions.

Nous avons vu la puissance des Turcs Seldjoucides renversée au treizième siècle par les Mongols. Mais une autre bande de Turcs, originaires des bords de l'Oxus, résista aux successeurs de Genghis, et s'établit dans la Bithynie sous un de leurs chefs, Othman ou Osman, dont elle prit le nom. Sous les successeurs de ce prince, les Turcs Ottomans passèrent l'Hellespont et s'établirent à Andrinople (1389), avec Amurat Ier. Après celui-ci,

Bajazet s'avança jusqu'en Hongrie, disant « qu'il mènerait son cheval manger de l'avoine sur l'autel de Saint-Pierre de Rome ».

C'est alors que des seigneurs français, touchés des malheurs des chrétiens d'Orient, résolurent d'aller à leur secours. Le comte de Nevers, fils du duc de Bourgogne, fut le chef de cette expédition. Hélas ! la présomption, l'imprudence qui avaient déjà causé les premiers désastres de la guerre de Cent ans, devaient rendre leur courage inutile. Ces nouveaux croisés se joignirent aux Hongrois et mirent le siège devant Nicopolis, en Bulgarie. Bajazet se porta au secours de cette place, et engagea la bataille avec sa cavalerie légère. Sans permettre aux archers hongrois de jeter le désordre dans cette cavalerie, les chevaliers du duc de Nevers se précipitèrent tête baissée contre les infidèles ; ils furent bientôt entourés par ceux-ci, dont les mouvements étaient plus rapides, grâce à la légèreté des chevaux arabes. Sur 700 qu'ils étaient, 400 périrent dans le combat ; les autres, faits prisonniers, furent égorgés de sang-froid. Le comte de Nevers et 27 autres seigneurs purent seuls racheter leur vie par une énorme rançon (1396).

Parmi ces derniers était Jean le Maingre, maréchal de Boucicaut, âgé alors de trente-deux ans. Rentré en France, il réunit une petite armée et, avec elle, courut défendre Constantinople, que Bajazet était allé assiéger. Tout ce qu'il put faire fut de ramener en France l'empereur Manuel Paléologue (1400). Constantinople serait sans doute tombée dès lors au pouvoir des Turcs, sans l'invasion de l'Asie Mineure par les Mongols de Tamerlan et la défaite de Bajazet à Angora (1402).

La chute de l'empire d'Orient était retardée de cinquante et un ans.

La prise de Constantinople par Mahomet II, le 29 mai 1453, la mort de l'empereur d'Orient tué dans le combat, réveillèrent en Europe les idées de croisade, en même temps que la crainte d'une invasion

Fig. 59. — Sceau du sultan Othman.

des infidèles se faisait mieux sentir. Le pape Nicolas V s'adressa aux princes de l'Europe, et parmi eux à celui qui était peut-être alors le plus puissant : ce n'était pas un roi, mais le duc de Bourgogne, Philippe le Bon, qui possédait plus d'États et de richesses que beaucoup de rois.

Le duc reçut à Lille l'envoyé du pontife, prit la résolution d'aller au secours des chrétiens d'Orient, et voulut donner le plus grand éclat à son entreprise. Pendant plus de trois mois, il prépara une fête splendide, à laquelle il convia tous ses chevaliers, pour leur faire prendre la croix avec lui. Tel fut l'objet de la célèbre *Fête du Faisan*, qui eut lieu à Lille, le 9 février 1454.

Au milieu du grand banquet qui y fut donné, on vit un géant, coiffé du turban et vêtu d'une longue robe, s'avancer, conduisant un éléphant. Une tour s'élevait sur l'animal, et l'on voyait aux créneaux une dame ; elle portait un voile blanc à la façon des religieuses et un grand manteau noir : c'était le personnage de la sainte Église. Il était représenté par Olivier de la Marche. Cette dame semblait éplorée. Quand elle fut devant le duc, elle lui adressa des vers, dans lesquels elle implorait son appui et celui des nobles chevaliers ici présents. Alors le roi d'armes de Bourgogne, Toison d'Or, s'avança portant un faisan vivant, orné d'un collier d'or et de pierreries. Il fit une profonde révérence au duc, lui dit que l'ancienne coutume des grands festins était d'offrir aux princes et seigneurs quelque noble oiseau pour faire un vœu, et qu'il venait avec les dames et les chevaliers faire hommage du faisan à sa vaillance. Le duc dit alors à haute voix : « Je voue à Dieu premièrement, puis à la très glorieuse vierge Marie, aux dames et au faisan, que je ferai ce qui est écrit. » Puis il remit à Toison d'Or un billet, dans lequel il promettait de prendre part à la croisade. Après quoi, la dame fit le tour des tables, recevant le vœu de chaque seigneur ou chevalier.

Ainsi se croisèrent, avec Philippe, le duc de Clèves, le comte de Saint-Pol, le comte de Charolais, fils du duc de Bourgogne, le comte d'Étampes. C'était un

Fig. 60. — Philippe le Bon, duc de Bourgogne, XVe siècle.

empressement général; les convives s'animaient; plusieurs commencèrent à ajouter quelque clause particulière à leur vœu, ainsi qu'ils avaient vu dans les histoires de chevalerie ou les chroniques. Philippe Pot fit vœu de ne jamais porter en cette entreprise d'armure au bras droit; sur quoi le duc l'arrêta, et lui dit qu'il fallait au contraire être suffisamment armé.

Mais l'enthousiasme excité ainsi eut un caractère chevaleresque bien plus que religieux. Le duc, d'ailleurs, en publiant son dessein de relever à son profit l'empire latin de Constantinople, suscita en Europe et particulièrement à la cour de France des défiances qui firent avorter l'entreprise. Charles VII, pour qui la vraie croisade avait été de chasser de France les Anglais, ne voulait pas compromettre, pour un intérêt douteux, des succès si laborieusement obtenus.

L'Europe ne se défendit plus désormais contre les progrès des Turcs sur les bords du Danube que par les efforts individuels des rois de Hongrie et de Pologne et de la maison d'Autriche.

Six cents ans nous séparent de la dernière croisade de saint Louis : mœurs, institutions sont bien changées, et, cependant, c'est notre siècle qui a repris et achevé l'œuvre des Croisades, qui a atteint le but que s'étaient proposé les chevaliers du douzième et du treizième siècle. Le vaste et mystérieux travail des guerres saintes, de ces guerres saintes qui avaient pour objet la conquête et la civilisation de l'Asie, s'est reproduit depuis 1789, et a éclaté dans des événements qui ont presque changé la face du monde.

Le drapeau de la France a flotté de nouveau avec les soldats héroïques de Bonaparte et de Kléber sur ces bords du Nil qui avaient vu, six cents ans auparavant, les chevaliers de saint Louis. L'Égypte n'a pas été seulement conquise par la France ; elle est entrée par elle, par ses savants, par ses administrateurs, dans le grand faisceau des peuples modernes. C'est une œuvre française, c'est la civilisation française qu'aujourd'hui, pour rappeler un mot célèbre, « quarante siècles contemplent du haut des Pyramides ». Si l'Angleterre récolte la moisson que nous avons semée en Égypte, la gloire, du moins, reste nôtre et la reconnaissance des populations nous est acquise.

Vingt-cinq ans plus tard, nos soldats retrouvaient en Morée les restes glorieux de ces anciennes principautés franques, qu'avaient fondées les Villehardouin, les La Roche, et s'ils ne gardaient pas pour eux leurs conquêtes, comme avaient fait leurs devanciers, ils rendaient la Grèce à elle-même, ils ressuscitaient, pour ainsi dire, un peuple, ce peuple Hellène pour lequel Homère avait chanté, Thémistocle et Miltiade combattu.

La terre sur laquelle saint Louis rendit le dernier soupir, Tunis, est devenue une terre française, comme, depuis trente ans, l'était cette Algérie dont nous avons changé les nids de pirates en ports hospitaliers, où les nations échangent leurs produits.

Dans cette croisade moderne de la civilisation contre la barbarie, la France, comme dans les anciennes croisades, a la plus belle et la plus grande part. Mais elle a eu de nobles émules : les Anglais dans l'Inde, les Russes dans l'Asie centrale, les Hollandais dans les mers de la Sonde, ont aussi servi les progrès des idées et de la civilisation chrétienne contre les doctrines désolantes et antisociales du fatalisme musulman. Il n'est pas jusqu'à cette île de Chypre qui ne revoie aujourd'hui sur ses côtes flotter les drapeaux d'un peuple chrétien, où était hissée, il y a six siècles, la bannière d'azur à la croix d'argent des Lusignans, la grande maison poitevine.

FIN.

TABLE DES MATIÈRES.

CHAPITRE VI.

CHAPITRE VII.

CHAPITRE VIII.

CHAPITRE IX.

CHAPITRE X.